Au-delà...

Grandir après la perte

Sophie Davant

Au-delà...

Grandir après la perte

Avec le Dr Christophe Fauré

ÉDITIONS FRANCE LOISIRS

Édition du Club France Loisirs,
avec l'autorisation des Éditions Michel Lafon.

Éditions France Loisirs,
123, boulevard de Grenelle, Paris.
www.franceloisirs.com

ISBN : 978-2-298-03040-2

À Nicolas et Valentine,
À Jules et Léo,
qui n'ont jamais connu leur grand-mère.

« Plus profondément le chagrin
creusera votre être,
plus vous pourrez contenir de joie. »

Khalil GIBRAN
Le Prophète

– AVANT-PROPOS –

Avril 2006 – Fès, Maroc

Pierre et moi sommes attablés à la terrasse d'un merveilleux hôtel surplombant la médina. Il fait doux et le soleil illumine nos visages. Alors que nous nous apprêtons à déjeuner, nous sommes rejoints par l'académicien Érik Orsenna. Homme de lettres, il est aussi un économiste reconnu et intervient en tant que tel au congrès auquel nous sommes tous les trois conviés. Je ne savais pas que le repas que nous nous apprêtions à partager allait marquer un tournant aussi déterminant pour moi... La conversation s'engage et, bizarrement, elle prend un tour extrêmement intime. Sommes-nous inspirés par la sérénité des lieux ? Quoi qu'il en soit, nous plongeons directement dans l'essentiel de nos vies...

En dépit de la douce langueur de ce début d'après-midi et de ce moment qui s'annonce magique, j'ai le cœur triste : il y a à peine dix jours, je perdais ma tante, âgée de soixante ans, emportée par un cancer incurable contre lequel elle s'est battue pendant près d'un an. Je l'ai accompagnée jusqu'au bout, presque jusqu'à son dernier souffle.

La perte, à nouveau...

Érik, en véritable homme de cœur, m'écoute évoquer cette épreuve. Il découvre qu'elle réveille en moi des souvenirs encore plus lourds. À son tour, il se confie sur son expérience de la mort, du deuil, mais aussi de la vie... Ses paroles me touchent et font écho en moi.

Il est vrai que depuis quelque temps, je sens confusément que je suis à une croisée des chemins. Quelque chose pousse à l'intérieur de moi, sans que je puisse encore définir de quoi il s'agit. Je sais que j'ai envie de changement, d'évolution, de nouveaux horizons. Je lui fais part alors d'un projet d'émission sur le bonheur ; une émission qui parlerait de ce qui rend les gens heureux et leur donnerait envie de vivre, quelles que soient les circonstances...

Il me regarde, attentif. Il réfléchit un moment avant de réagir : « Avec tout ce que tu es, avec tout ce que tu as subi, tu devrais t'attaquer à un sujet plus fort que le bonheur, un sujet tabou qui conditionne pourtant la manière de vivre sa vie. Sophie, tu devrais parler de la mort ! »

Octobre 2007

L'idée a fait son chemin. Je suis sur le plateau d'enregistrement du pilote de l'émission « Au-delà », dans des studios de Boulogne-Billancourt. Je regarde la régie s'affairer et les techniciens mettre au point les derniers détails du décor. Avec un mélange de plaisir et d'appréhension – le trac sûrement ! – je m'étonne presque d'être l'instigatrice de cette grosse machinerie qui va bientôt se mettre en marche. C'est la première fois que je me retrouve complètement seule à l'origine d'une émission de télé. Et quelle émission ! Quelques semaines après la conversation avec Érik, j'ai proposé à France 5 ce projet de programme mensuel qui traiterait de tous les sujets... autour de la mort. Moi, la petite blonde qui présente une matinale quotidienne plutôt légère et pétillante, me voici en train de faire un gigantesque grand écart !

Roland Giraud est mon premier invité. Il vient parler du deuil de sa fille et de son cheminement intérieur depuis le départ tragique de cette jeune femme. Son témoignage s'ajoute à celui d'autres parents qui racontent la mort de leur enfant à la suite d'une maladie, d'un accident, d'un suicide... L'émotion est forte, les enjeux sont graves, mais je me sens à ma place, légitime. Alors que l'émission s'achève, je repense, soulagée, à tout ce qui m'a conduit jusqu'à cette étrange aventure.

Je repense à la résonance qu'a eue la proposition d'Érik et à la graine qu'elle a plantée en moi. Je me revois en train de griffonner des notes pour donner corps à cette folle idée. Je repense aussi à ma première rencontre avec le Dr Christophe Fauré. Christophe est psychiatre, auteur de plusieurs ouvrages sur l'accompagnement de la fin de vie et du deuil. Il s'est spécialisé dans les soins palliatifs depuis maintenant vingt ans. Nous avons travaillé ensemble sur ce projet d'émission et une amitié est née de cette collaboration. Entre Taureaux, on se comprend vite ! C'est lui, à nouveau, qui m'accompagnera de ses conseils pour écrire ce livre.

Il n'y a pas eu de suite à cette émission qui a pourtant été bien accueillie par la presse et par la direction de la chaîne. Faute de budgets... Dans un premier temps, je me suis sentie déçue et démobilisée, mais l'idée est rapidement repartie à la conquête de mon petit cerveau ! Cette démarche n'avait fait qu'attiser en moi le désir d'aller plus loin dans l'exploration de ces questions fondamentales qui touchent à l'intime de chacun et dont on ne parle jamais.

Pourquoi donc ? vous demandez-vous certainement. Pourquoi aller de plain-pied dans ce qui fait si peur, dans ce qui est si lourd ? Tout simplement parce que c'est mon histoire. Parce que, derrière le sourire, la joie et la bonne humeur, il y a des blessures. Et parce que ces blessures m'ont fait grandir.

Ma mère est morte d'un cancer du sein, il y a vingt-cinq ans, à une époque où il n'existait rien pour accompagner la fin de vie. On ne savait pas vraiment traiter la douleur et les soins palliatifs étaient balbutiants.

J'ai envie, j'ai besoin de parler de sa maladie et de sa mort, non pour me complaire dans la tristesse et le malheur, mais pour partager avec vous le chemin de croissance que peut induire en soi la perte d'un être cher. C'est là un message de vie et d'espoir. Érik avait raison... J'ai aussi le désir de faire le point sur ce qui se pratique actuellement dans ce domaine, vingt-cinq ans plus tard, avec, peut-être, cette question en moi : comment cela se serait-il passé pour nous... pour ma mère... pour mon père... pour mon frère... pour moi, si elle était décédée aujourd'hui et si elle avait pu bénéficier de tous les progrès que nous connaissons maintenant ? Qu'est-ce qui aurait été différent ? Aurais-je fait les mêmes choix ?

Alors oui : en partageant cela avec vous, dans ce livre, je vais vous parler de moi d'une manière qui rompt complètement avec l'image que je donne habituellement. J'ai bien conscience que c'est risqué. Pourquoi alors le faire ? Pourquoi m'exposer ainsi et, je le sais, me rendre plus fragile et plus vulnérable dans un univers médiatique où tout va si vite et où l'on n'est pas toujours très tendre les uns envers les autres ? J'ai longtemps hésité. J'ai confié à Christophe Fauré mes doutes et mes interrogations sur la pertinence et l'intérêt d'une telle démarche. Mon expérience n'a rien d'exceptionnel ; elle est le lot de milliers de gens, chaque année. En quoi mon histoire pourrait-elle apporter un éclairage nouveau ? Ne serais-je juste qu'une personnalité médiatique de plus qui s'apprête à livrer un peu de son intimité ?

La seule façon de répondre à cette question est de me reconnecter à ce qui se passe en moi lorsque je présente le Téléthon. Là, les choses ont un sens particulier : je me sens *utile*, et heureuse de mettre mon image et ma notoriété au service d'une cause essentielle. Eh bien je fais la même chose aujourd'hui en vous livrant mon témoignage. Je m'« utilise » pour transmettre un message. Ainsi, même si vous n'avez pas encore connu l'expérience de la fin de vie d'un proche, celle du deuil (malheureusement pour vous cette épreuve arrivera un jour car, dans ce domaine, personne n'est épargné), j'aimerais que cet ouvrage vous aide à avancer et que ma propre réflexion puisse nourrir la vôtre. Quand on regarde en face ces événements incontournables de l'existence, il y a tant à apprendre, tant à comprendre et, sur la base de cette compréhension, tant à découvrir sur les joies et bonheurs infinis de cette vie ! Peut-être serez-vous amenés à vous poser des questions, celles que je me suis posées moi-même, pour « travailler » et apaiser vos relations avec ceux que vous aimez. Et enfin, si vous êtes à un point de votre existence où vous cherchez des réponses, j'aurai rempli ma « mission » si, à travers ma propre expérience, par un processus d'identification ou de résonance avec mon récit, vous pouviez trouver des clefs pour vous-mêmes, pour vous autoriser à vivre la vie dont vous rêvez !

Voilà le sens de ce livre. Au-delà de la mort. Au-delà de la souffrance. Au-delà des tabous.

Au-delà...

SOPHIE

« C'est foutu, je vais avoir besoin de toi ! »

Pour la première fois depuis le début de son combat contre le cancer qui la ronge, ma mère, cette femme si belle, si jeune, si forte, avoue son impuissance. Elle revient de sa visite de contrôle. Sans la ménager, avec des mots crus dénués de toute humanité, son cancérologue lui a annoncé que la médecine ne pouvait plus rien pour elle. Des mots qui sonnent comme un verdict irréversible, comme un couperet, sans la moindre parcelle d'espoir à laquelle se raccrocher. Elle est chercheur en biologie cellulaire. C'est une scientifique. Elle comprend.

Pour la première et la dernière fois, elle rend les armes, s'abandonne dans mes bras, laisse émerger sa peur, sa détresse, et ose me demander de l'aide.

Il fait beau ce jour-là. La nature retrouve des couleurs dans notre joli jardin de la grande banlieue bordelaise. La nature et la vie à l'extérieur. Le froid et la douleur à l'intérieur. Je suis tétanisée. Je ne peux pas admettre que ma mère, si belle, si jeune, si forte, puisse mourir.

C'était le 19 mai 1983. Le jour de mes vingt ans.

– 1 –

« Profites-en ! Tu ne te rends pas compte à quel point tu vis tes plus belles années. Tu verras quand je ne serai plus là !... »

Cette phrase prémonitoire résonne encore à mes oreilles. Cette phrase, entendue pendant des années durant mon adolescence, revient inlassablement pour clore nos disputes. Je ne comprends pas. À chaque fois, cela me fait du mal. Que veut-elle me dire ? Pourquoi cette menace lourde de culpabilisation ? Pourquoi donc envisager sa disparition et pourquoi l'imaginer si précoce ? Quel secret habite son cœur pour qu'elle en vienne à penser que sa fin est proche ?

Je la revois dans mon souvenir, juste avant que sa terrible prophétie ne devienne réalité. Nous sommes en 1981. C'est une femme magnifique, pleine de vie. Du haut de ses quarante-deux ans, elle est si belle qu'on la compare à Kim Novak, cette actrice hollywoodienne des années soixante. Élancée, de longues jambes, des cheveux très courts blond cendré, de grands yeux bleu intense, des traits fins, des formes généreuses. Elle est surtout dotée d'une allure et d'une classe qui forcent mon admiration. Cette femme d'une élégante sobriété ne sacrifie rien à la futilité, comme si ce qu'elle montrait d'elle-même était le fidèle reflet de ce qu'elle était intérieurement : droite, sans compromis pour ce qui ne relève pas de ses valeurs, un sens du beau et du devoir.

Elle est mariée depuis vingt-trois ans et elle est la mère de deux enfants : mon frère, Pierre-Emmanuel, quatorze ans, et moi, Sophie, l'aînée de la fratrie, dix-huit ans. Ma mère est une femme de tête, une intellectuelle et une scientifique. Elle occupe un poste à l'université où elle fait de la recherche en biologie cellulaire. Quand, dans mes toutes jeunes années, mes profs m'interrogeaient sur la profession de mes parents, je répondais, la concernant : « Opératrice de vers de terre ». Une réponse qui avait tendance à horrifier mes maîtresses. La vérité est qu'elle étudiait la gynécologie des vers de terre, qui présente – c'est consternant ! – de grandes similitudes avec celle des femmes. Combien de fois me suis-je retrouvée avec elle, au retour de l'école, perchée sur un monticule de fumier bien frais et bien odorant à la recherche d'un lombric (vous savez, cette espèce de ver de terre bien long, bien dodu, bien gluant...) ! Il s'agissait de trouver le candidat idéal pour un prélèvement d'ovaires... D'ailleurs, elle avait toujours une paire de bottes en plastique dans le coffre de la voiture au cas où nous croiserions un joli tas de fumier où ses amis lombrics auraient élu domicile. Quand elle en repérait un, même en tailleur très élégant, et en dépit de l'odeur repoussante, elle échangeait aussitôt ses escarpins pour ses vieilles bottes en plastique. Moi, je suivais, un brin moqueuse et totalement dégoûtée !

C'est une femme active, qui ne s'arrête jamais, assumant beaucoup de choses de la vie quotidienne, menant de front ses rôles de mère et d'épouse, et sa vie professionnelle. Une femme qui fait toujours passer les siens – ses enfants, son mari, ses parents – avant elle. Une femme qui oublie trop souvent de se faire plaisir. Réagissant probablement à quelques frustrations, elle se rebelle néanmoins contre les dogmes établis. Consciente de l'importance des combats à mener pour que les femmes aient accès à la liberté de disposer d'elles-mêmes, elle se reconnaît dans le mouvement initié par Gisèle Halimi : un féminisme actif, mais plus modéré que le MLF de l'époque. Il ne s'agit pas de rejeter les hommes sans discernement, mais plutôt de défendre les droits des femmes, dans les foyers et dans l'entreprise. Elle se prononce en faveur de l'avortement et se bat pour l'égalité salariale. Elle m'a parlé aussi très tôt de la contraception, du viol, de la nécessité d'acquérir une indépendance financière... Elle me conseille pour que, devenue adulte, j'évite de m'enfermer dans des schémas où elle s'est sentie trop souvent à l'étroit. Oui, c'est réellement une femme émancipée, de plain-pied dans son époque, et qui pourtant, de façon paradoxale, « subit » beaucoup de choses, beaucoup de situations. Peut-être trop. Et cela depuis son enfance...

*
**

Nicole naît en 1939, à la veille de la déclaration de la Seconde Guerre mondiale. Elle a tout juste le temps de faire connaissance avec son père, qu'elle ne reverra que des années plus tard. Il part sur le front, dans l'Est, en tant que sous-officier. Il reviendra en juin 1940, pendant la débâcle, avant d'être fait prisonnier et envoyé en Allemagne, dans un camp d'officiers où il passera quatre ans. Durant sa captivité, en 1943, il a obtenu une permission pour raison médicale. C'est à cette occasion que Monique, la sœur cadette, a été conçue.

Six longues années sans son père, comme beaucoup d'enfants de cette époque... Ma grand-mère assure ; elle est institutrice à Saint-Christoly-de-

Blaye, près de Bordeaux. L'ambiance, on l'imagine aisément, est plutôt morose. On apprend à faire face, à faire preuve de tenue et de rigueur, sans jamais se plaindre. On n'a pas le choix.

Quand mon grand-père maternel – son père, donc – réapparaît dans sa vie, maman ne le reconnaît pas. Elle s'est entre-temps attachée à un oncle, rentré lui plus tôt de la guerre, qu'elle appelle « papa ». Elle est l'aînée : c'est une fille sérieuse, responsable, une petite fille modèle, très protectrice envers sa jeune sœur, qui se révèle plus espiègle. Son frère naîtra dix ans plus tard. Ses parents se reposent souvent sur elle, et lui confient régulièrement la garde du petit dernier. Lourde responsabilité, qu'elle assume haut la main, sans rechigner, toujours obéissante et consciencieuse... Elle gardera de cette période beaucoup de complicité avec ce frère adoré, mais elle conservera surtout l'impression d'avoir porté le poids de responsabilités parfois trop lourdes pour ses jeunes épaules.

Au retour de son père, ses parents – lui directeur d'école et elle enseignante dans le même établissement – s'installent à quinze kilomètres de Bordeaux, sur la route d'Arcachon, à Gazinet. Ils correspondent à l'image d'Épinal des instituteurs à l'ancienne : socialistes, laïques, rigoureux, généreux, sévères. Des gens honnêtes. Mon grand-père ne compte pas le temps qu'il consacre à son métier. Il est à la fois respecté, apprécié et redouté. En dehors des heures de classe, il propose à ses élèves (et à sa famille !) de jouer au basket, un sport dont il a été l'un des premiers adeptes dans le Sud-Ouest et auquel il consacre bénévolement tous ses week-ends. Ma grand-mère, elle, est une femme élégante, classique, austère, exigeante mais fragile. Ils sont très liés, tous les deux, ne se contredisent jamais en public et enseignent dans des classes adjacentes qui communiquent l'une avec l'autre.

Je serai plus tard leur élève. J'en garde un souvenir mitigé. J'étais fière, bien sûr, d'être la petite-fille du directeur. Mais je me devais, de ce fait, d'être irréprochable et de montrer l'exemple ! Élève de CE2 chez ma grand-mère, j'allais faire honte aux élèves de CM2 qui séchaient sur un problème dans la classe de mon grand-père, quand ce dernier m'appelait à la rescousse. Voilà pour la fierté... Mais, en cas de bêtise, c'est moi que ma grand-mère punissait si le fautif ne se dénonçait pas ! C'était déjà beaucoup moins drôle. L'éducation à l'ancienne, avec ses bons et ses mauvais côtés. Les enfants et petits-enfants du directeur n'avaient pas droit à l'erreur. Pas facile à vivre...

Dans ce village des années soixante – qui a bien grandi depuis –, il y a des personnages importants, les notables : le directeur d'école (le père de ma mère), le maire, le prêtre... et le propriétaire du bar situé en face de la gare ! Ce dernier deviendra mon autre grand-père. Catholiques pratiquants, plutôt partisans de la droite libérale, lui et ma future grand-mère paternelle tiennent le bar-tabac-presse-PMU-bonbons-fournitures scolaires. Le lieu de toutes les débauches de mon enfance. Le profil des patrons du bar-tabac est l'antithèse de celui de mes grands-parents maternels. Mais malgré leurs différences, ils éprouvaient un grand respect les uns vis-à-vis des autres.

Ce café, c'est l'endroit où tout le monde se retrouve et c'est là que Nicole croise pour la première fois Pierre, le fils de la maison, celui qui deviendra mon père. Elle a vingt et un ans, elle est ravissante et déjà très courtisée. Elle est la reine d'une bande de jeunes qu'elle fréquente surtout en prenant le train pour aller à la fac à Bordeaux. Mais Pierre supplante rapidement tous les autres. Un jeune homme séduisant, de quelques années son aîné, original, étudiant brillant, licencié en biologie, cultivé, passionné par la nature, les oiseaux, la cuisine de sa mère... Il est musicien, fan de jazz. Il est sportif, champion de hockey sur roulettes, spécialité essentiellement locale. Et en plus, comble du raffinement, il possède une voiture. De ce fait, il laisse loin derrière lui les autres prétendants potentiels ! Nicole tombe sous le charme. Ils se plaisent, se fréquentent... voire plus, car il y a manifestement quelques affinités entre ces deux tourtereaux.

À partir de là, les choses s'accélèrent. Pierre saisit l'opportunité de pouvoir partir deux ans en mission au Venezuela, afin d'occuper un poste à l'université de Caracas. Sa jeune et récente conquête lui exprime alors clairement ses doutes : elle ne sait pas si elle aura la patience de l'attendre deux ans... Désarçonné par cette réaction claire et sans équivoque, il cherche à savoir si, à tout hasard, elle le suivrait. Elle répond oui, sans hésiter ! La nuit portant conseil, il se décide à la demander en mariage. Dans la foulée, sans avoir pris vraiment le temps de la réflexion, Pierre et Nicole se fiancent et se marient seulement quelques mois plus tard, juste avant leur départ. Très amoureuse, redoutant de perdre cet homme, Nicole choisit ainsi son avenir, en acceptant, dans un premier temps, de renoncer à son propre cursus universitaire. Il faut dire qu'à l'époque, on voyage moins que de nos jours ; l'aventure est excitante et très alléchante. Certes, la perspective de se retrouver seule, jeune mariée, à l'autre bout du monde et loin d'une famille qu'elle n'a jusque-là jamais quittée l'effraie un peu. Les portables n'existent pas. Le courrier met des semaines à arriver.

On comprend dès lors que les premiers mois de cette nouvelle existence soient très durs. Elle souffre de son isolement. Les siens lui manquent. Ses lettres, que j'ai gardées, en témoignent, et quand je les relis, les larmes sont bien souvent au rendez-vous... Elle finit pourtant par assister son époux dans ses travaux de recherche, ce qui lui permet d'atténuer son mal du pays...

Que de souvenirs engrangent-ils alors ! C'est pour eux la découverte de l'Amérique latine, la joie adolescente de conduire une grosse voiture américaine, les plongeons dans l'eau turquoise des Caraïbes, les parties de pêche et la rencontre fortuite avec une sorte de ver de terre marin (décidément, encore une histoire de vers) qui porte aujourd'hui, en partie, le nom de son découvreur, mon père : le balanteodrilus davantianus ! Ils habitent à Cumana, à six cents kilomètres de Caracas ; leur maison s'ouvre sur une plage de sable blanc... Comble de l'exotisme, ils adoptent un ocelot, une sorte de petite panthère tachetée, comme animal de compagnie ! Ils le ramèneront en France, mais devront s'en séparer car l'animal se révélera jaloux de moi dès ma naissance. Je me suis souvent interrogée sur mon goût prononcé pour les lagons, le sable blanc, les airs cadencés et certains breuvages pas uniquement sucrés ; la réponse est limpide : j'ai été conçue sur l'île de Margarita, au large de Caracas. Pas mal, non ?

J'imagine avec quelle impatience le facteur est alors attendu à Gazinet. Chaque lettre fait l'objet d'un attroupement : tout le village est suspendu aux lèvres de ma grand-mère paternelle qui se livre presque à la lecture publique des aventures de Nicole et Pierre !

À l'issue de ces deux années, mes parents choisissent de revenir en France, comme prévu, malgré la proposition du recteur de l'université de Caracas, conquis par les compétences de mon père : un poste d'enseignant et de chercheur. Ce dernier hésite, flatté, et finit par se ranger à l'avis de sa femme, qui n'en peut plus et souhaite rentrer. À leur retour, ils ont changé, ils ont mûri, enrichis de leur magnifique expérience vénézuélienne. Ils décident de s'installer à proximité de leurs familles respectives, à cinquante mètres des uns et à trois cents mètres des autres.

C'est alors que je fais mon entrée dans ce monde : je nais quelques semaines après leur retour, par un beau matin de mai.

*
**

Je garde très peu de souvenirs de mes premières années, si ce n'est que ma mère se remet à ses chères études et qu'elle me confie souvent à une nourrice que j'adore : elle s'appelle Catherine, elle est d'origine espagnole. Je suis très entourée. Le bar-tabac de mes grands-parents ressemble à une caverne d'Ali Baba. Ma grand-mère paternelle n'a aucune autorité sur moi, au grand dam de maman qui s'évertue à m'inculquer quelques principes d'éducation. Je passe mes journées à jouer à la marchande avec les clients. Je dévalise les rayons de bonbons et je cache les papiers d'emballage sous les fauteuils du salon où j'ai accès à toutes les bandes dessinées que je dévore en cachette. Mamie, complice, ne me trahit jamais. Je deviens championne internationale de flipper car, pour moi, les parties sont gratuites. Et je rentre chez moi, imprégnée par l'odeur de tabac froid. Ma mère devient folle !

L'ambiance est très différente chez « papy et mamie de l'école ». Plus studieuse. Je fais mes devoirs sous leur contrôle et ils ne rigolent pas vraiment. Mais, juste après, j'ai la cour de récréation à ma disposition, ce qui me laisse un souvenir de grande jouissance. Je joue inlassablement avec le panneau de basket qui trône au milieu, et je marque des paniers ! Il y a toujours deux ou trois élèves qui restent à l'étude et qui deviennent mes compagnons de jeu.

Ainsi s'écoulent les jours de ma petite existence. Je grandis, plus intrépide que jamais, sportive, me forgeant au fil du temps un caractère bien trempé. C'est alors que mon frère voit le jour, quatre ans après moi. Détrônée de ma position de fille unique, je ne suis pas certaine de m'être vraiment réjouie de sa présence, du moins au début de notre cohabitation... Je me souviens que ma mère s'occupait beaucoup de lui. En bonne aînée face à l'usurpateur, il m'arrivait de le jalouser, tant leur relation me paraissait fusionnelle ! Je la revois le protéger, l'accompagner à ses activités, être derrière lui pour les devoirs, alors que moi, je devais me débrouiller seule. Après, heureusement, nos rapports ont bien changé. La vie, par la suite, s'est chargée de nous apprendre la solidarité dans l'épreuve, quand la maladie a frappé notre famille.

Et mon père dans tout cela ? Il vit sa passion pour la nature. Et nous l'accompagnons ! Nous bivouaquons dans les coins les plus retranchés, loin des touristes, pour voir passer les palombes sur le col d'Iraty ; nous séjournons sur le banc d'Arguin pour observer les sternes caugeks ; nous escaladons les falaises pour guetter les vautours fauves, en Espagne, dans les gorges du Tage. Mon père se bat pour protéger les tourterelles dans le Médoc, nous emmène pêcher la truite dans les rivières de montagne où nous tentons d'apercevoir l'ours des Pyrénées.

Il est tellement passionné qu'il crée une association pour la protection de la nature et renonce, du coup, à son avancement hiérarchique au sein de la faculté. Ma mère accepte et lui permet d'aller au bout de ses choix, même si cela se fait au détriment d'un plus grand confort financier. Elle le soutient dans sa volonté de s'investir bénévolement pour protéger l'environnement, ce qui constitue, à l'époque, un combat d'avant-garde. Il a fallu attendre plus de vingt ans pour que ces questions viennent enfin régulièrement à la une de l'actualité. Néanmoins, cette passion de mon père pour la nature le soustrait souvent à son environnement familial. Sa femme assure, assume, sacrifiant souvent ses envies personnelles. C'est du moins ce que je ressens quand je l'entends parfois râler ou se plaindre de son sort.

Quoi qu'il en soit, j'ai des parents qui me donnent le goût de la curiosité et de la découverte. Je mesure la chance que j'ai eue aujourd'hui ! Je les suis partout. Je partage avec eux, j'échange. Les discussions sont animées, voire un peu vives...

Je me construis aussi en m'opposant à eux, surtout à la période de l'adolescence. Un grand classique ! Quand j'y repense, je me dis que c'est probablement à ma mère que je résiste le plus. On se dispute fréquemment, toujours pour des broutilles. Pourtant je l'admire. Je la trouve belle, intelligente, un rien froide et mystérieuse. Ce n'est pas le genre de personne à qui l'on confie facilement ses premiers émois amoureux. Je sais qu'elle sent et devine, mais elle ne pose pas de questions... et prend rendez-vous chez le gynécologue pour que je sois informée, au cas où !

Bien qu'indépendante, j'ai vraiment du mal à m'éloigner d'elle. La première tentative remonte à mes huit ans. Je pars seule en Tunisie chez Monique, sa sœur cadette, ma tante donc, qui vit là-bas avec son mari, enseignant coopérant, et ses deux filles. Je passe un mois de rêve auprès de mes cousines germaines que j'adore ; la mer, le soleil, le dépaysement : un programme plus qu'excitant. Et pourtant je souffre, je pleure, j'ai mal : ma mère me manque trop. Je tiens bon, ma tante m'entoure, me témoigne son affection, mais elle peine à comprendre. C'est plus fort que moi ! Et je m'en veux. Le retour à la maison est joyeux. Ma grand-mère exulte et exhibe mon bronzage doré devant tous les clients de son bar-tabac. Je mettrai du temps avant de repartir sans maman. Une nouvelle occasion se présente à l'âge de treize ans, où je rejoins à nouveau ma tante. Cette fois, elle est revenue en France et habite moins loin, dans le Béarn. Là, je ne tiens que huit jours : l'éloignement est décidément trop dur à supporter. Alors, je rentre, penaude.

Pourquoi cette angoisse de séparation alors que je suis déjà presque adolescente ? Quelles terribles pensées m'assaillent à ce moment-là ? Face à mon désarroi, ma mère ne dit rien, mais je sens qu'elle n'en pense pas moins. Je crois qu'elle a dû trouver bien pitoyable cette impossibilité d'affronter la séparation. Quoi qu'il en soit, j'en conclus à l'époque, sans la moindre nuance, qu'il me serait impossible de vivre sans elle.

– 2 –

Je viens de prendre un sens interdit.

L'examinateur, impassible, me demande de garer le véhicule sur le bas-côté. « C'est terminé, Mademoiselle. » Je suis recalée au permis ! Et pour cause, la faute est sans appel.

Non loin de là, ma mère m'attend dans sa voiture. Je la rejoins et lui annonce que je n'aurai pas mon permis cette fois-ci. Elle m'adresse, en guise de réponse, un regard lugubre, elle fait une tête d'enterrement. Je lui explique que, franchement, il n'y a pas de quoi le prendre comme ça, louper son permis de conduire n'est pas la fin du monde, et, de toute façon, je peux le repasser dans huit jours (à l'époque, c'était possible !). Sa réaction me paraît disproportionnée. Mais enfin qu'est-ce qui lui prend ? Qu'a-t-elle ? L'ai-je à ce point déçue ? Mon père est alors en voyage et, toute la semaine, elle garde ce visage sombre. Je ne comprends pas.

Ce que j'ignore, à ce moment-là, c'est qu'elle sait déjà pour elle. Tout a basculé. La maladie vient d'entrer dans son existence, pour ne plus jamais la quitter. Elle vient de passer de l'autre côté.

Huit jours plus tard – c'est un vendredi soir –, je viens à peine d'avoir dix-huit ans, ça y est : victoire ! Je décroche enfin ce foutu permis. Je l'accueille avec joie comme le premier symbole de ma liberté : c'est la première marche vers mon indépendance ! Ma mère semble plus soulagée qu'heureuse, sans que je comprenne vraiment pourquoi. Quelques minutes plus tard, je me retrouve au volant de sa voiture ; elle est à mes côtés, ma grand-mère prend place à l'arrière. Et nous voilà, trois générations de femmes, sillonnant le vignoble bordelais pour célébrer l'événement ! Je suis fière. Je me souviens d'autant plus de cette joie qu'elle va bientôt être engloutie dans les nuages lourds qui s'accumulent à l'horizon. Pourtant, ce week-end-là, c'est la fête à la maison, une fête pleine d'insouciance. Mon père est rentré d'une mission en Guadeloupe, les yeux pleins d'images d'oiseaux et de grands paysages : il avait été envoyé par le ministère de l'Environnement pour étudier la faisabilité de la création d'un parc national. Pour l'occasion, des amis de mes parents nous rejoignent ; comme il est de coutume chez nous, ce seront deux jours de cuisine et de réjouissances : lamproies à la bordelaise, dégustation d'excellents vins du cru, de la bonne bouffe, des rires ! Que des bons moments, comme si la vie nous permettait de prendre des forces avant d'affronter la tempête.

Car bientôt le vent se lève.

Le lendemain matin, Annie, l'amie d'enfance de mon père, frappe à la porte de ma chambre.

– Sophie. Il faut que je te parle. C'est au sujet de ta mère.

Je ne comprends pas.

– Sophie, ta mère est gravement malade.

– Malade ? Mais, ce n'est pas possible, elle va bien...

– Non, elle ne va pas bien... Ta mère a un cancer du sein.

Je reçois cette nouvelle comme un coup de poignard dans le cœur. Je n'ai pas le temps d'articuler le moindre mot : maman, qui se tenait derrière la porte, s'engouffre dans la pièce. Elle est vêtue de sa robe de chambre matelassée, une robe moche, rouge, détail insignifiant mais qui, dans mon souvenir, colore de sang ce moment d'horreur. Elle a envoyé Annie au front, au-devant d'elle, pour m'annoncer la terrible nouvelle. Elle est dans l'incapacité de le faire, non par lâcheté, j'en suis certaine, mais parce que dans sa position de mère, comment trouver la force d'apprendre une telle catastrophe à son enfant ?

Elle me prend doucement dans ses bras ; nous pleurons, serrées l'une contre l'autre. Et moi, tout au fond de moi, subitement je sais. Sans pouvoir m'expliquer cet éclair d'intuition, je sais que sa maladie est irrémédiable. Je sais qu'elle va mourir.

D'ailleurs à ce moment précis, c'est étrange, quelque chose fait aussitôt écho dans mon souvenir... C'était deux ans plus tôt : mon institutrice de CE1, que j'aimais tant, venait de mourir après s'être battue pendant des années contre un cancer des ovaires métastasé. Ma mère et moi étions assez proches de cette femme et lui avions souvent rendu visite. Ce qui me trouble aujourd'hui, ce sont les multiples similitudes entre notre histoire et celle de cette femme. Elle était belle, elle aussi ; elle avait à peu près le même âge que ma mère et, tout comme elle, s'appelait Nicole. Elle avait une fille qui faisait du sport avec moi, et qui plus tard ferait les mêmes études que moi. Nous avons été bouleversées par ce malheur qui s'abattait sur elle. Je me demande si, inconsciemment, nous ne nous sommes pas projetées dans cette situation. Moi peut-être moins que ma mère qui se sentait tellement concernée par ce qui passait pour cette femme, dont elle n'était pourtant pas vraiment une intime. Y voyait-elle un prélude à ce qui allait lui arriver à elle ? Avait-elle cette intuition ou cette prémonition de mêmes souffrances à venir ? Je ne pouvais m'empêcher de faire le rapprochement : ma mère ne me répétait-elle pas, sans cesse, qu'elle mourrait jeune ? Comment ne pas faire le lien ? Le jour des obsèques de mon institutrice, une pensée s'est imposée à moi, que j'ai aussitôt étouffée au fond de ma conscience : un jour, ce sera à notre tour.

Dans les bras de ma mère, joue contre joue, larmes contre larmes, ces images remontent à la surface... Non, non ! Je me reprends. Dans un sursaut, je les repousse : non, elle va vivre ! On va se battre ! Je sèche mes larmes. Je sens que je ne dois pas pleurer devant elle. Néanmoins, c'est trop dur et je pars me réfugier chez une amie. Je sanglote à nouveau tout l'après-midi, profondément choquée par ce que je viens d'apprendre. Comment cela est-il possible ? Ma mère ne porte aucune trace de maladie. Elle est en pleine forme !

Non... Elle va vivre. Elle va se battre. Elle va dépasser cette épreuve. Je la vois victorieuse, donnant des conférences pour raconter son combat et apporter de l'espoir !

Il est totalement inconcevable que maman disparaisse.

– 3 –

« *C'est un cancer inopérable.* »

Je suis allée mener mon enquête. Un ami de mes parents, lui-même biologiste, m'assène cette vérité que je ne peux entendre. Je sens l'étau qui se resserre sur moi. Il m'est de plus en plus difficile de nier le mal qui ronge ma mère.

Peut-être le biologiste lit-il la détresse sur mon visage car il ajoute aussitôt :

– Du moins, on ne peut pas opérer tout de suite. Il faut d'abord faire plusieurs séances de chimio pour voir si la lésion régresse. On verra alors si on peut opérer.

Je suis un instant rassurée par la version officielle qu'on me transmet : ce cancer est localisé. Puis je réfléchis : localisé, certes, mais on ne peut tout de même pas opérer et se débarrasser du crabe... Je n'aime pas ça. Je ne comprends pas. En réalité – je l'apprendrai plus tard – cette tumeur maligne est un type de cancer très fortement inflammatoire, et probablement déjà métastasé lors de sa découverte. Le pronostic est plus que mauvais car le cancer risque d'être d'emblée incurable. Ma mère, chercheur, ne peut l'ignorer... Elle sait certainement que cette lésion est plus grave que ce qu'on lui annonce. Néanmoins, elle ne dit rien. Est-elle déjà entrée dans le silence ?

Avec courage et détermination, elle s'engage alors dans les traitements. Un an de chimiothérapie, à raison d'une perfusion toutes les trois semaines. Il n'y a, à l'époque, qu'une dizaine de molécules différentes pour traiter le cancer du sein, alors qu'aujourd'hui, il en existe plus de trois cents ! Immanquablement, les effets secondaires viennent souiller sa qualité de vie : la fatigue, les nausées, les cheveux qui tombent, ce qui la conduit à porter une perruque. Autant d'atteintes à son identité de femme, autant de blessures.

Mais, fidèle à elle-même, elle tient. Elle résiste. Elle ne se plaint pas. Elle part travailler tous les jours.

Elle a la chance d'être très entourée par des amies chères et bienveillantes. Francine, Maryse, Maggy, Marie-Hélène... Des amies proches d'elle dans l'épreuve, qui l'accompagnent, l'écoutent, la soutiennent et font diversion en la distrayant ou en la faisant rire. Elles font corps auprès d'elle, quand d'autres s'éloignent. C'est le temps de certaines déceptions sur des amitiés qu'on croyait sincères. Je comprends que la maladie fasse peur, mais est-ce une raison suffisante pour abandonner ceux qu'elle frappe ? Mon père, lui, assure : il est plein de vie, combatif, optimiste – en apparence en tout cas. Il est présent, autant qu'il le peut. Il accompagne sa femme à l'hôpital à chaque rendez-vous avec l'équipe médicale. Il la soutient dans le combat.

Les semaines passent. Je ne peux m'empêcher de constater que l'état physique de ma mère se dégrade, jour après jour. La chimio a pour fonction de tuer les cellules malignes, mais les bonnes en prennent aussi pour leur grade ! Elle accuse le coup de plus en plus difficilement. La fatigue gagne du terrain. Elle maigrit à vue d'œil et se fragilise.

Je garde en moi le souvenir douloureux de ce jour où nous partagions la salle de bains... Nous sommes côte à côte devant le miroir. Elle est chauve, pâle, les traits tirés. Je la regarde furtivement. Son regard croise le mien. Je ne sais pas ce qu'elle y voit mais elle m'ordonne sèchement d'arrêter de la détailler ainsi.

– Arrête de me dévisager ! C'est toi qu'on doit regarder maintenant !

Je suis choquée par sa réaction. Moi, je l'aime. Je la trouve belle. Elle sera toujours belle à mes yeux. Mais elle se sait diminuée et, même si cela m'est pénible et difficile à concevoir, je la sens comme jalouse de ma féminité et de la fraîcheur de ma jeunesse. Je ne sais pas quoi dire. J'éprouve de la gêne, presque une sourde honte, à l'idée d'avoir dix-huit ans et d'être en bonne santé...

Après une série éreintante de chimio, c'est le début des séances de radiothérapie. Les techniques ne sont pas, à l'époque, aussi performantes qu'aujourd'hui, et les effets secondaires, là non plus, ne se font pas attendre. Le sein est brûlé, ainsi que les ganglions du creux axillaire ; la conséquence de cette atteinte ganglionnaire est presque immédiate, maman développe ce qu'on appelle le « syndrome du gros bras » : la lymphe, ne pouvant plus circuler normalement dans les vaisseaux lymphatiques, stagne dans le bras, ce qui le fait gonfler jusqu'à l'épaule et le rend très douloureux. Une attaque supplémentaire à sa féminité, d'autant plus violente qu'elle est, cette fois, très manifeste aux yeux de tous.

En dépit de ces traitements terriblement invalidants, elle tient toujours bon. Et quand on lui annonce, un an plus tard, qu'on ne voit plus rien au scanner et que ses marqueurs biologiques ne révèlent plus quoi que ce soit d'inquiétant, on lui parle de lumière au bout du tunnel. On lui parle même, nous dit-elle, de guérison. Je veux la croire, mais je reste lucide malgré tout. Ce qui me semble bizarre, c'est qu'on ne lui propose toujours pas d'opération. C'était l'étape suivante après la chimio et les rayons, non ? Alors, pourquoi ne l'évoque-t-on plus ? Je suis prise de doutes.

Et elle-même, croit-elle vraiment à cette guérison ?

*
**

Octobre 2008

Vingt-cinq ans plus tard, en remuant ces pénibles souvenirs, j'ai éprouvé le besoin de savoir si ma mère avait reçu, à l'époque, tous les soins nécessaires, si on lui avait laissé un maximum de chances de survie. Je me suis rendue avec le Dr Christophe Fauré, qui me conseillait dans la gestation de ce livre, chez le Pr Khayat, à l'hôpital de la Pitié-Salpêtrière, à Paris. Et si je retranscris ici notre conversation, c'est dans l'espoir que les malades actuels comprennent mieux les traitements qui leur sont appliqués, et qu'on ne leur explique pas toujours dans le détail.

Avec beaucoup de chaleur et de gentillesse, David Khayat nous invite à l'accompagner au cours de sa consultation publique. Les conditions de travail s'avèrent hallucinantes dans ce temple pourtant à la pointe des traitements oncologiques [1] : un inconfort et une exiguïté évidents, tant pour les patients que pour les médecins, une chaleur excessive en cet après-midi soudain trop ensoleillé d'octobre, un rythme d'enfer des consultations où il faut appréhender des situations complexes en quelques instants...

En contraste avec le lieu, une équipe de soignants, médecins et infirmières hyper compétente. Je suis impressionnée par le nombre de malades, qui sont très souvent des cas désespérés et qui viennent consulter, en dernier recours, ce « pape » de l'oncologie qu'est David. À cette consultation publique, et en relais de ses collaborateurs qui examinent en premier lieu les patients avant de lui faire une synthèse, David revoit tous les malades. Quelles que soient les situations, il s'efforce de trouver les mots appropriés. Les justes mots contre les maux. « J'ai dix secondes pour gagner la confiance du patient, me dit-il. Sans la confiance, rien n'est possible... »

Je suis touchée par l'accueil que les personnes malades me réservent. Elles acceptent volontiers que j'assiste à leur consultation et c'est avec une

1. Oncologie : cancérologie, étude des tumeurs malignes.

simplicité désarmante qu'elles m'invitent à partager leur vécu intime de la maladie. Elles sont, pour la plupart, accompagnées d'un de leurs proches, leur mari, leur fille, leur mère, tout autant submergés par la vague du cancer. En voyant défiler tous ces visages, je ne peux m'empêcher de me projeter dans l'histoire de chacun de ceux que nous rencontrons au cours de cette journée : cette dame que son cancer du pancréas aura vraisemblablement emportée dans moins de trois mois ; cet homme qui tente de juguler l'angoisse de son cancer de la prostate grâce à des graphiques sophistiqués qui répertorient tous les résultats de ses examens biologiques ; cette jeune femme confrontée au dilemme de perdre sa féminité par l'ablation de ses seins et de ses ovaires, sous peine de récidive d'un cancer génétiquement déterminé. Je suis vraiment émue par cette humanité en souffrance, par leur courage aussi, et par toutes ces histoires de vie dont j'effleure la surface tout en en devinant la profondeur... Je mesure également, à un tout autre niveau, que la télévision a ce curieux pouvoir d'entrer dans la vie des gens et de leur apporter quelque chose de bénéfique, du moins si j'en juge par la gentillesse extrême de ces personnes, à mon égard, pendant la consultation.

À l'issue de cette journée assez bouleversante, je retrouve David dans son bureau. Tant de questions se bousculent en moi...

Sophie : – Je vous ai très souvent entendu parler de chimio cet après-midi. Mais la plupart des patients étaient passés par la chirurgie auparavant, n'est-ce pas ?

Dr Khayat : – Oui, effectivement. Mais en ce qui concerne votre mère, il faut se resituer dans le contexte. En 1980, on découvre une réalité qui est une évidence pour nous aujourd'hui mais qui ne l'était pas à l'époque : les gens ne meurent pas directement de leur cancer initial, ils meurent de l'évolution de ce cancer à distance, à cause des métastases [1] qui se disséminent dans le corps, au-delà du cancer du sein, de la prostate ou autre. À partir de ce moment-là, on comprend que dans le cancer du sein, comme dans tous les autres cancers, il y a deux composantes : d'un côté, le cancer qu'on peut voir – au niveau du sein en l'occurrence –, et

1. Apparition, en divers points de l'organisme, de phénomènes pathologiques déjà présents ailleurs.

de l'autre, les métastases qu'on ne voit pas immédiatement et qui sont ailleurs dans l'organisme. Il faut donc imaginer tout de suite deux traitements : un traitement local sur le cancer « connu » et, en même temps, un traitement général pour atteindre les métastases répandues dans d'autres parties du corps car, si on ne les atteint pas, ce sont elles qui risquent de tuer le ou la malade. C'est nous, les équipes de cancérologie de La Salpêtrière, qui nous sommes battus pour faire comprendre qu'il fallait changer les stratégies thérapeutiques, parce que, avant ça, l'option était de dire : « On enlève le sein et puis voilà, c'est fini ! »

Sophie : – Quelle incidence cela a-t-il eu au niveau de la prise en charge ?

Dr Khayat : – Eh bien, à partir de 1980-1982, on va commencer, en France puis aux États-Unis, à prescrire de la chimiothérapie d'abord, avant de s'occuper du sein chirurgicalement... Et c'est ça qui a été proposé à votre mère.

Sophie : – Oui, mais on ne lui a pas proposé de chirurgie après la chimio. Pourquoi est-ce qu'on ne lui a pas enlevé le sein ?

Dr Khayat : – Une fois qu'on a traité par la chimio, on peut soit enlever le sein, soit faire des rayons sur l'endroit où se trouvait la tumeur au départ. Des deux possibilités, la chirurgie est probablement la meilleure... Mais, à l'époque, il est vrai qu'un certain nombre de personnes, y compris de très bons médecins de La Salpêtrière, pensaient que la radiothérapie pouvait faire aussi bien, une fois qu'elle avait été précédée d'un « lavage » par la chimiothérapie qui avait pour fonction de faire régresser la tumeur en taille...

Sophie : – Est-ce qu'on ne l'a pas opérée à cause du type particulier de son cancer ? On m'a dit que c'était parce qu'il était très inflammatoire.

Dr Khayat : – Oui, peut-être. Si un cancer est très inflammatoire, quand on donne un coup de scalpel, c'est comme si l'on incisait un abcès : ça « explose ». Il faut donc d'abord « refroidir » l'inflammation grâce à la chimio. Après, je suppose que les médecins qui se sont occupés de votre mère ont dû se dire que le pronostic était tellement grave que, de toute façon, il était inutile de lui enlever son sein... Dans les années quatre-vingt, pour le cancer du sein très inflammatoire, les chances de survie étaient de 25 à 30 % à cinq ans. Les gens avaient sept « chances » sur dix de mourir dans les cinq premières années...

Sophie : – Où en sont les traitements anticancéreux aujourd'hui ?

Dr Khayat : – Les chimios sont bien meilleures actuellement que celles qu'on utilisaient dans les années quatre-vingt. La qualité des rayons en radiothérapie s'est aussi considérablement améliorée : ils ne brûlent pratiquement plus. De plus, on sait maintenant distinguer les sous-groupes des cancers du sein, et l'on combine toutes les thérapeutiques pour augmenter encore la probabilité de guérison. On commence à avoir des médicaments extrêmement performants. Par exemple, il existe un traitement – le trastuzumab (Herceptine®) – qu'on utilise dans certains cancers du sein très inflammatoires. En effet, 20 à 30 % de ces cancers ont des cellules qui comportent, à leur surface, une protéine qu'on appelle HER2. Or la HER2 est un capteur du trastuzumab et celui-ci tue la cellule cancéreuse quand il la reconnaît porteuse de cette protéine. L'utilisation de ce produit, associé à la chimio, la chirurgie et les rayons, augmente de 50 % la probabilité de guérison !

Un autre exemple de nouvelles thérapeutiques : on dispose d'un médicament, appelé le Bevacizumab (Avastin®) qui, en quelque sorte, bloque l'approvisionnement de la tumeur en sang, porteur d'oxygène et de nutriments. La tumeur se retrouve alors en insuffisance d'approvisionnement énergétique. Ce traitement la met en état de siège, en quelque sorte, et finalement les cellules cancéreuses meurent de faim, de soif et d'asphyxie. Le Bevacizumab, rajouté à la chimio, à la chirurgie et aux rayons, augmente de 40 % l'espérance de guérison de certains cancers !

Sophie : – Quel serait le pronostic si ma mère était malade aujourd'hui ?

Dr Khayat : – Au niveau des traitements, on lui proposerait aujourd'hui la séquence suivante : chimio, chirurgie, chimio, rayons. Son pronostic, pour ce type particulier de cancer, serait de 55 % de survie à cinq ans. De 25-30 %, dans les années quatre-vingt à 55 % aujourd'hui : on a doublé le pronostic en vingt ans. Et entendez-moi bien : je parle de taux de guérison définitive.

Sophie : – On nous avait aussi parlé de guérison après la chimio et les rayons...

Dr Khayat : – En fait, on aurait sûrement dû vous parler de rémission, plutôt que de guérison. Mais il faut comprendre aussi que, en 1983, on n'avait pas l'échographie, ni l'IRM qui permettent de voir s'il reste de la tumeur. Et on n'avait pas non plus de PetScan qui aurait permis de voir s'il y avait des métastases. Il n'y avait que la mammographie. Aujourd'hui, avec un PetScan, il est vraisemblable qu'on aurait détecté des métastases chez votre mère, dès le départ.

Au sujet de la guérison d'un cancer, je vais vous expliquer quelque chose d'important. Quand on a affaire à un cancer du sein très grave, très inflammatoire comme celui de votre mère, très vite on sait s'il est guéri parce que, justement, il est si grave que soit le patient meurt vite, soit, s'il n'est pas mort au bout de trois ans, cela signifie qu'il est guéri ! En revanche, pour un cancer moins grave, peu évolutif, il faut parfois attendre vingt ans avant de dire si quelqu'un est guéri, justement parce que ce cancer est peu évolutif. Dans ce type de cancer, les cellules malignes se divisent lentement : par exemple, s'il y a une petite cellule cancéreuse dans le foie, elle peut prendre vingt ans avant de se manifester sous la forme d'un nodule de trois centimètres qui, là seulement, sera visible à l'échographie ou au scanner. Donc, pendant vingt ans, tu ne vois rien, alors que le cancer se développe !

Sophie : ... – Et après, pendant les six mois qui ont suivi, il n'y a pas eu d'examens de contrôle. Puis elle a eu un zona... Elle a été extrêmement fatiguée.

Dr Khayat : – Vous savez, l'apparition d'un zona, chez un malade cancéreux, n'est pas seulement un signe d'affaiblissement de l'organisme, mais souvent, aussi, le signe prémonitoire d'une rechute. En fait, le corps lutte contre le cancer et y met toute son énergie, ce qui laisse le champ libre au virus de zona (qui est en nous depuis l'enfance, quand on a fait une varicelle : c'est le même virus – le virus Varicelle/Zona). Mais si le corps n'a plus la force d'enrayer un zona, il est probable aussi qu'il n'a plus celle de lutter contre les métastases. D'où la rechute.

*
**

Septembre 1982

Maman est donc officiellement « guérie ». On nous a vraiment dit « guérison », pas « rémission », j'en suis certaine. À l'époque, je suis en deuxième année de DEUG de langues étrangères appliquées, anglais-allemand, à l'université de Bordeaux, et mes bons résultats font qu'à la fac on me propose une bourse d'études pour partir six mois à l'université de Fribourg, en Allemagne. Je prends le temps de réfléchir. Six mois loin d'elle, après une telle épreuve... En suis-je capable, sans avoir à me confronter à la culpabilité de l'abandonner ? Mais il ne s'agit plus de cela : elle est guérie, n'est-ce pas ? Alors, cette fois-ci – je n'ai plus huit ans ! – je relève le défi. Peut-être aussi pour lui prouver que je suis forte. Pour lui montrer, en partant si loin et si longtemps, que j'ai confiance et que je suis sûre qu'elle s'en sortira. En réalité, j'ai du mal à la quitter car je redoute qu'elle ait besoin de moi, sans qu'elle ose me le demander. Je tiens bon néanmoins. Je pense aujourd'hui qu'elle a dû apprécier ma détermination ; c'étaient mes premiers pas vers ma vie d'adulte, et elle était sûrement convaincue que son rôle et son objectif de mère étaient de les approuver.

Arrivée à Fribourg, me voilà seule pour la première fois et, qui plus est, à l'étranger ! Je partage le quotidien d'autres étudiants français, sur le campus. Je découvre cette nouvelle vie, je suis leur rythme, je tente d'être comme eux... l'insouciance en moins. Car j'ai toujours peur. J'ai peur pour maman, peur de ce qui pourrait se passer en mon absence.

Une longue correspondance s'établit alors avec elle, tant épistolaire que téléphonique. Elle est fatiguée et ne me parle pas beaucoup durant nos échanges au bout du fil. Il n'y a pas de portable à l'époque. Je m'inquiète. Ses lettres sont toujours très factuelles : elle me décrit son état physique, elle me raconte ses journées, mais jamais ne transparaissent ses états d'âme. Elle ne s'ouvre jamais à moi pour des confidences intimes, elle ne me livre rien sur son état émotionnel. Je voudrais tant en savoir plus... Mais je n'ose pas demander.

Parfois, c'est mon père qui prend le relais, au téléphone et par écrit. Il finit par m'avouer que maman souffre d'un zona dont la douleur est insoutenable. Mes inquiétudes sont donc fondées. Je comprends qu'elle est épuisée. Elle parvient tout de même à me dire sa lassitude et sa difficulté à remonter la pente. Elle semble néanmoins croire à sa guérison. Moi aussi. Du moins, je *veux* y croire. Ai-je d'ailleurs d'autres choix ? Je suis confrontée à l'impuissance de ne pouvoir aider la personne que j'aime le plus au monde et je souffre de cette frustration.

À l'époque, je ne mesure pas à quel point la peur de la maladie nous réduit toutes les deux au silence : en apparence, on se parle, on partage, mais au fond on ne se dit rien d'essentiel ; on n'évoque jamais ce qui brûle à l'intérieur. On reste sur des faits, sans jamais faire de place aux confidences qui pourraient trahir l'angoisse ou le doute... C'est vrai pour moi, mais c'est vrai aussi pour toute notre famille. Nous sommes dans le même bateau. Même si la maladie est évidente sous nos yeux, nous ne nommons pas, entre nous, l'impact qu'elle a dans nos cœurs. La terreur de la maladie parasite et brouille notre communication, sans même que nous nous en rendions compte. Imperceptiblement, sa sourde violence nous fait perdre nos repères et nous égare toujours davantage. Et comme rien ne circule vraiment entre nous, nous avançons seuls, chacun dans son coin. Le cancer est venu rompre l'équilibre de notre famille. Nous évoluons à tâtons, à notre rythme, en décalage constant les uns avec les autres – et surtout par rapport à ma mère –, sans jamais pouvoir nous rejoindre. Cela donne, en surface, l'impression (ou l'illusion) d'une cohésion familiale, mais en réalité nous sommes tous isolés, à la dérive et complètement paumés ! Au sein d'une famille où sévit la maladie grave, le pire écueil est celui du silence et, finalement, nous sommes en plein dedans.

Néanmoins, en dépit de son mutisme sur sa vie intérieure, je sens ma mère en souffrance et je suis prête à tout pour l'aider à sortir de cette impasse.

Je découpe alors, à tout hasard, un article dans *Paris Match* sur un type qui s'est sorti d'un cancer a priori incurable, en se soignant tout seul. Il affirme avoir mis au point une méthode visant à guérir du cancer grâce à une forme particulière d'alimentation : l'instinctothérapie.

Bien évidemment, si maman avait été en traitement, il n'aurait pas été question de lui faire abandonner celui-ci au profit d'un régime alimentaire, mais elle était « guérie » !

Seulement on ne sait jamais... Alors, dans le doute, autant mettre toutes les chances de notre côté. Je lui ai envoyé l'article.

– 4 –

Septembre 1983

C'est l'heure du dîner. Nous sommes attablés, tous les quatre, mes parents, mon frère et moi.

Au centre de la table se trouve un plat garni de nourriture... crue ! De la viande rouge telle qu'on l'a achetée chez le boucher, du poisson tel que chez le poissonnier, des légumes non cuits, des coquillages, des œufs à gober... On prend un bout de viande, une tranche de poisson, une carotte ; on renifle et on choisit ce qu'on va manger, avec pour principe de base de se laisser guider par l'instinct. Comme si l'organisme savait ce dont il avait besoin et qu'il faille se fier dans l'instant, sans réfléchir, à un désir poussant vers tel ou tel aliment ! Le corps est alors censé recevoir exactement ce qui lui est nécessaire, avec la très hypothétique idée qu'il va ainsi se rééquilibrer de l'intérieur et éradiquer la maladie. Voilà les folles promesses de l'instinctothérapie, créée par un certain M. Burger qui, à l'époque, avait une relative notoriété. Ma mère avait lu l'article découpé et envoyé depuis l'Allemagne, elle ne l'avait pas tout de suite pris au sérieux mais, à partir d'un certain moment, l'idée avait fait son chemin...

Nous retrouver ainsi à manger de la nourriture crue est une situation totalement surréaliste quand on connaît les traditions culinaires de la famille. Chez les Davant, on ne rigole pas avec la gastronomie locale : nous sommes dans le Sud-Ouest, un des paradis du bon goût français. Les recettes ancestrales se transmettent de génération en génération. Ma mère est devenue fine cuisinière. D'ailleurs, elle n'a pas eu d'autre choix, en épousant mon père, que d'apprendre à reproduire correctement les recettes de sa belle-mère. Sinon, ç'eût été la guerre ouverte ! Par la suite, en y ajoutant sa touche personnelle, elle a fini par imposer sa propre identité culinaire : pommes de terre sarladaises, poêlée de foie gras frais, salmis de palombes, entrecôtes à la bordelaise, confits de canard... Voilà les plats de fête qu'on dégustait chez nous !

Comment donc en sommes-nous arrivés là ? Que s'est-il passé dans cette famille de becs fins pour qu'on en vienne à se régaler de crustacés et de viande crue ?

*
**

Mai 1983

Retour en arrière. Le jour de mes vingt ans...

« C'est foutu ! »

En ces termes choisis et nuancés, le cancérologue qui suit ma mère depuis le début de son calvaire lui annonce, lors de sa visite de contrôle, qu'il n'y a plus d'espoir. Non seulement la maladie – prétendument éradiquée – sévit de plus belle, mais de surcroît, elle a remporté la bataille.

Le médecin vient de lâcher une bombe, consciemment ou pas. En une phrase, trois petits mots, il a réduit à néant tout ce que maman avait tenté de construire, en elle, pour se protéger de l'angoisse de la maladie. Le choix des mots... Pourquoi cette violence, ce manque criant de psychologie et d'humanité ? La question restera posée. J'étais trop révoltée pour envisager de rencontrer ce médecin. J'ai su plus tard que d'autres patients avaient souffert de la froideur de cet homme... Avec une violence inouïe, il a détruit l'espérance. Sa patiente, en bonne scientifique, avait jusque-là tout misé sur les progrès de la médecine et d'un seul coup, plus rien : plus de protection, plus aucune branche à laquelle se raccrocher. Et sans espoir, comment continuer à se battre, comment continuer à vivre ?

Était-ce alors absurde de se rattacher à ce qui restait, à l'irrationnel des promesses d'un individu qui garantissait la guérison par sa méthode révolutionnaire ? Je ne crois pas. Quand il ne reste plus rien, la moindre lueur devient un soleil dans l'obscurité totale. La raison n'a plus d'emprise ; ce sont les tripes qui parlent, l'instinct de survie. Je mesure aujourd'hui combien le gouffre de sa détresse devait être abyssal pour que maman en vienne à se tourner avec autant de détermination vers une option qui se trouvait en totale contradiction avec ce qu'elle était. Comment lui faire le reproche d'avoir cherché à reconstruire, coûte que coûte, une espérance que son cancérologue avait aussi brutalement anéantie ?

*
**

Dire, ne pas dire, dire quoi, dire comment... Ces questions me préoccupent aujourd'hui. Les choses ont considérablement évolué depuis quelques décennies. Autrefois, dans les années cinquante-soixante, il était convenu de cacher la maladie grave au patient. Cela se faisait au nom de l'idée que, en se taisant, on protégeait le malade de l'angoisse qui l'aurait privé de tout espoir et de tout désir de se battre. Le mot d'ordre était alors : « Il ne faut rien lui dire. Il ne va pas le supporter. » Préservé de la mauvaise nouvelle qui lui aurait sapé le moral, on pensait qu'il serait d'autant plus fort face à la maladie. En ne lui disant pas la vérité sur son diagnostic, on croyait agir « pour son bien »... Les temps ont changé, et c'est tant mieux ! Après les bouleversements de 1968, les malades, eux aussi, ont décidé de se faire entendre. Des associations de patients se sont créées et ont commencé à faire pression pour obtenir plus de clarté et de vérité au sein de l'hôpital. L'épidémie de sida, au début des années quatre-vingt, a fait considérablement avancer l'exigence de transparence dans le rapport médecin-malade, à tel point qu'aujourd'hui l'information « éclairée » du patient est une obligation médicale.

Mais comment annoncer un diagnostic lourd, comme celui d'un cancer ? Je retrouve David Khayat pour aborder avec lui ce problème.

Sophie : – Comment annoncer un cancer ?

Dr Khayat : – Le face-à-face douloureux avec le patient intervient à la suite d'une longue série d'examens. La personne est déjà angoissée après de nombreuses semaines d'exploration de la maladie et le diagnostic de cancer risque de tomber comme un couperet. Le médecin doit impérativement prendre beaucoup de précautions pour l'annoncer, mais, malheureusement, certains professionnels restent encore très brutaux ou maladroits dans leur façon de s'exprimer. C'est regrettable car les effets négatifs peuvent être dramatiques et conditionner tout le vécu ultérieur de la maladie.

Sophie : – Est-ce une question de formation ? Est-ce que les médecins sont préparés à une telle annonce ?

Dr Khayat : – Il y a beaucoup de progrès à faire, mais aujourd'hui tout est mis en œuvre pour tenter de mieux former les équipes soignantes. C'est dans ce souci qu'est apparu ce qu'on appelle le « dispositif d'annonce », une mesure mise en place par le Plan Cancer 2003-2007. L'idée est de permettre aux patients de bénéficier des meilleures conditions quant à l'annonce du diagnostic de leur maladie. Ce dispositif prévoit quatre temps de discussion et d'explication sur le cancer lui-même et sur les traitements.

• *Le temps médical de l'annonce.* Le diagnostic est annoncé en une ou deux consultations. Le patient reçoit alors ce qu'on appelle le PPS : le Programme personnalisé de soins, qui lui indique les stratégies thérapeutiques à tenir, ainsi que les coordonnées des professionnels référents de l'équipe soignante. C'est l'occasion, pour lui, d'obtenir une réponse à toutes les questions qu'il se pose – dans la mesure du possible car toutes les questions ne trouvent pas toujours de réponses immédiates. Cela dit, on peut à tout moment demander un autre avis auprès d'un autre cancérologue.

• *Le temps d'accompagnement soignant de l'annonce.* C'est une consultation paramédicale (avec les soignants non médecins), un temps d'écoute et de soutien au cours duquel l'infirmier ou l'infirmière peut reformuler le discours du médecin et cerner les besoins psychologiques et sociaux du patient. Il ou elle peut aussi revenir sur l'explication des traitements et des effets secondaires. C'est enfin un temps de coordination avec les autres acteurs qui vont intervenir dans la prise en charge. Cela permet de faire l'interface entre les intervenants à domicile et le médecin traitant.

• *L'accès à une équipe impliquée dans les soins de support.* Cette équipe, constituée d'assistants sociaux, de kinésithérapeutes, de nutritionnistes, de psychologues, etc., permet de soutenir et de guider le patient dans ses démarches, de lui faire connaître ses droits et les options thérapeutiques d'accompagnement adaptées à sa maladie.

• *Le temps d'articulation entre la médecine de ville et l'hôpital.* Pour pouvoir jouer un rôle dans la prise en charge du patient, le médecin traitant doit impérativement être associé dès le début de la maladie au projet thérapeutique et au parcours de soins. La communication entre l'équipe hospitalière et le médecin traitant doit être privilégiée [1].

*
**

En ce qui concerne la dimension psychologique de l'annonce du diagnostic grave, Christophe Fauré me fait part des travaux d'Elisabeth Kübler-Ross, médecin-psychiatre, pionnière en soins palliatifs aux États-Unis dans les années soixante-dix. Elle fut la première à étudier en détail les réactions émotionnelles des personnes auxquelles on annonçait un cancer – ou toute autre maladie grave. Elle a identifié cinq phases.

• *Le choc, l'incrédulité.* « Non, ce n'est pas possible ! » On ne parvient pas à y croire. Cette courte phase survient lorsqu'on apprend le diagnostic ou qu'une nouvelle « perte » apparaît (la perte des cheveux à cause de la chimio par exemple, mais aussi la découverte d'une métastase). C'est en quittant

1. Pour plus de détails sur le Plan Cancer 2003-2007, il est possible de consulter le site de l'Institut national du cancer : www.e-cancer.fr

cette première étape que la réalité commence à s'installer en soi.

• *La colère.* « Pourquoi moi ? » Cette phase se caractérise par un sentiment de colère face à l'annonce. La culpabilité peut aussi se manifester dans certains cas : « Qu'ai-je fait pour mériter cela ? » C'est une intense période d'interrogations et de questionnements sur le « pourquoi » de ce qui arrive.

• *Le « marchandage ».* Là, on tente de « négocier »... Avec les médecins : « Donnez-moi encore du temps pour voir le mariage de mon fils. » Avec Dieu : « Je ferai ce que vous voudrez mais laissez-moi vivre encore quelques années. » Avec soi-même...

• *La phase dépressive.* C'est une étape incontournable du processus d'intégration de la réalité du diagnostic. Elle est marquée par la tristesse et un certain degré d'abattement.

• *L'acceptation.* Parvenue à ce stade, la personne malade accepte la réalité de son diagnostic. Elle peut commencer à « fonctionner » avec ses nouveaux repères et réorganise son quotidien en fonction de la maladie.

Il est important de souligner aussi que ces cinq étapes ne sont pas linéaires car de nombreux allers-retours sont possibles et certains patients ne les parcourent pas toutes. Cette séquence se répète sans cesse au cours de la maladie, et ceci *à chaque nouvelle étape* dans le déroulement de celle-ci : l'annonce du diagnostic, le début de la chimio et/ou de la radiothérapie, l'impact de la chirurgie, l'annonce – parfois – de la rechute, etc. Chaque étape demande un ajustement psychologique et l'on doit, à chaque fois, traverser les différentes phases émotionnelles de ce qui constitue, en fait, un mécanisme de protection pour amortir et « intégrer » la nouvelle réalité dans laquelle on se trouve.

C'est notamment pour cette raison que l'exigence de vérité est fondée. Elle aide à intégrer cette réalité. La confrontation au réel, face à la maladie grave, est la chose la plus saine qui soit psychiquement, m'explique Christophe. Il me dit aussi qu'il a été démontré qu'une personne touchée par un cancer est plus exposée à la dépression si on lui cache son diagnostic. Face à la vérité, au contraire, elle sort du flou qu'entretient le non-dit et cette connaissance est une arme pour lutter plus efficacement. Néanmoins, il faut nuancer. Ma mère a été plaquée au sol par l'information qui lui a été donnée par son cancérologue. Entre l'information qui aide à avancer et celle qui abandonne le patient à lui-même, il y a un gouffre ! C'est toute la difficulté pour le médecin : il doit informer mais, en même temps, il doit protéger, sans réduire l'espoir à néant. Car, après le dogme du « ne rien dire », il ne faut pas tomber non plus dans un autre excès, celui du « tout dire sans ménagement » !

Christophe me parle d'ailleurs d'une étude américaine menée auprès de personnes gravement malades. Elles se répartissaient en trois groupes. Le premier était composé de gens qui ne voulaient rien savoir de la maladie – ils refusaient d'en entendre parler et ne demandaient rien. Le deuxième était constitué de personnes qui se trouvaient à la pointe de la connaissance sur leur maladie – elles savaient tout ! Le troisième groupe, enfin, réunissait des patients en situation intermédiaire : ils savaient beaucoup de choses sur leur maladie – mais pas tout – et gardaient à distance certaines informations qui risquaient de trop les déstabiliser. À votre avis, quels malades s'en sortaient le mieux émotionnellement ? Ce sont ceux du troisième groupe, ceux qui se situaient entre la pleine et totale information et l'absence d'éléments. Ils présentaient le moins de complications dépressives. Tout ceci semble montrer que si la transparence est utile, elle doit aussi être modulable. Elle est plus que nécessaire, bien sûr, mais elle doit s'inscrire dans une relation intime avec son médecin. Celui-ci doit accompagner, émotionnellement, les informations qu'il donne à son patient. Sans ce lien privilégié où tout se joue, nous en arrivons à la situation traumatisante qu'a vécue ma mère.

*
**

En dépit de ce « *c'est foutu* » dévastateur, maman trouve la force d'accepter un nouveau protocole de chimio, sans grande conviction toutefois. Mais c'est rapidement peine perdue : le coup a porté, le cœur n'y est plus. Après trois séances, elle est littéralement à bout de forces. C'est la fin de l'été, elle décide d'arrêter tout traitement, elle renonce à toute nouvelle hospitalisation. Et elle se replonge dans l'article de *Match*...

Nous mangeons donc cru. Et nous voilà, enfouis dans le silence, incapables de nommer l'innommable. Nous parcourons ensemble le chemin que nous montre ma mère, mus par le même déni d'une effroyable réalité. Nous la suivons dans l'absurde, par amour pour elle, par conviction peut-être et, surtout, parce qu'il nous semble qu'il n'y a rien d'autre à faire... Oui, telle est la force du déni quand il ne reste plus rien d'autre, quand il ne semble plus y avoir d'autre façon de canaliser l'angoisse. Voilà l'unique protection qui reste à notre famille.

D'ailleurs, l'espoir renaît les premiers jours de ce nouveau régime. Maman se lève à nouveau, alors qu'elle était alitée depuis quelque temps. Elle paraît recouvrer un semblant d'appétit, d'entrain, d'envie. Nous croyons au miracle !

Et quitte à nous engouffrer dans l'irrationnel, autant aller jusqu'au bout ! La théorie de l'instinctothérapie affirme qu'il est « normal » de continuer à maigrir et de se dégrader physiquement quand on pratique cette méthode ; cela signifie en fait qu'on élimine les toxines. Ma mère, en négation totale d'elle-même, absorbe les recommandations du « gourou » et écoute religieusement, à longueur de journée, ses cassettes audio. Elle maigrit donc et s'affaiblit quotidiennement. Le plus fou dans tout cela, c'est qu'elle s'en réjouit presque : selon Burger, il faut toucher le fond avant de pouvoir rebondir et de progresser enfin vers la guérison... Elle perd toutes ses forces ? Formidable, tout est donc normal ! Nous aussi, nous maigrissons à vue d'œil, certainement à force d'éliminer nos hypothétiques toxines...

Elle en est là : elle ne prend aucun traitement, refuse la morphine, alors qu'elle souffre le martyre. Une chose est claire : le cancer a le champ libre.

Je m'étonne encore de ce parcours aberrant chez une scientifique éclairée. Je comprends seulement aujourd'hui que maman essayait en fait de se protéger. En effet, face au stress psychologique majeur que générait en elle son cancer, il fallait qu'elle tienne intérieurement. Elle était en pleine fusillade ; il lui fallait un gilet pare-balles ! Christophe l'explique dans son livre *Vivre ensemble la maladie d'un proche*[1] : elle mettait en œuvre des mécanismes de défense psychique qui avaient pour fonction de la protéger de l'angoisse de sa maladie et de l'aider à s'ajuster, à son rythme, à cette nouvelle réalité. Chaque personne confrontée à un diagnostic de maladie grave met en place inconsciemment des « stratégies » de protection. Ce n'est pas une décision volontaire ; ça se passe au niveau inconscient. En gros, on dénombre six principales « stratégies » pour faire face à la maladie et, là encore, il n'est pas rare qu'un patient passe constamment de l'une à l'autre, en changeant de protections au fil du temps et des assauts de la maladie.

• *Le déni*. Il consiste à minimiser ou à ignorer complètement une partie ou la totalité de la maladie. Le patient ne parle pas d'un cancer car le mot est trop angoissant, mais plutôt d'un « kyste » ou d'un « nodule ».

• *La maîtrise*. Grâce à ce mécanisme, la personne malade se maintient dans l'action et dans le contrôle, afin de canaliser l'angoisse et de s'en préserver. Ça la conduit à tout vérifier et tout argu-

1. Éditions Albin Michel, 2002.

menter : les traitements, les prescriptions, les examens...

• *La révolte*. La personne malade dirige sur les autres la violence que lui inflige la maladie. Elle peut devenir agressive avec son entourage, avec les soignants, ce qui est parfois difficile à vivre pour tout le monde.

• *Le déplacement*. Là, le malade va « choisir » une cible moins angoissante pour lui que la maladie. Il va déplacer son inquiétude vers des points plus facilement « appréhendables » : la lourdeur des visites ou traitements à l'hôpital, la répercussion de la maladie sur la scolarité de ses enfants, les difficultés financières, etc. En quelque sorte, il se protège en mettant « ailleurs » l'angoisse de la maladie.

• *La régression*. C'est le besoin de se replier sur soi et de se laisser prendre en charge et protéger par autrui (famille et soignants), comme un petit enfant dépendant. Ce mécanisme de protection apparaît souvent en périodes de crise, quand le malade se sent le plus démuni, et il a tendance à disparaître quand la personne retrouve ses repères.

• *La lutte* et *la sublimation*. À ce stade, la maladie est vécue comme une ennemie contre laquelle il faut se battre. C'est le mécanisme de protection le plus valorisé par la famille et les soignants, mais il ne faut pas enfermer le malade dans la lutte constante, qui le prive de la possibilité de baisser parfois les bras et d'être découragé. Il ne peut pas tout le temps être le « bon petit soldat » et risque de culpabiliser s'il est trop fatigué pour se battre. La lutte est une attitude guerrière qui conduit souvent à s'engager dans une association de malades et à aider les autres. Cela peut donner du sens à la maladie.

Ce qu'il faut comprendre à la lecture de ces mécanismes de protection, c'est qu'il n'y a pas de « bonne » ou de « mauvaise » façon de gérer l'angoisse : chacun fait comme il peut, avec ce qu'il est. L'essentiel, c'est que les proches respectent ces protections que le patient construit en lui... même s'ils ne sont pas d'accord sur sa façon de procéder ! S'il s'agit d'une personne qui a besoin de se voiler la face pour se protéger d'une réalité trop traumatisante, il est dangereux de la confronter brutalement à cette réalité qu'elle a du mal à intégrer juste pour « lui faire entendre raison » ou pour qu'elle ait une attitude « responsable ». On lui fait du mal, c'est tout ! On ne la respecte pas dans sa nécessité de se protéger et on lui arrache son gilet pare-balles ! Ce n'est pas faire preuve d'amour que d'agir ainsi.

À ce propos, je tiens à souligner les grandes marques d'amour que mon père a offertes à sa femme dans l'épreuve : lui, le biologiste, scientifique, rationnel, gastronome gascon, n'a pas hésité une seconde à s'engouffrer dans cette aventure de l'instinctothérapie, jusqu'à accompagner plusieurs fois maman dans l'antre de M. Burger, et trois semaines encore avant son décès... Juste pour lui permettre de se raccrocher à une lueur d'espoir... Pour elle, il a mis de côté toutes ses certitudes.

*
**

Le mois de septembre arrive, doux et ensoleillé, comme souvent dans notre région. Je suis partie quelques jours vendanger dans les vignobles voisins, avec des amis. Eux sont beaucoup plus conscients de la gravité de la situation que moi. À moins que je n'ose pas me l'avouer.

C'est son dernier automne.

– 5 –

Francine, la plus proche amie de ma mère, entre dans ma chambre.

Je sens confusément l'objet de sa visite. Je me souviens d'une scène similaire, deux ans auparavant, quand Annie était venue m'annoncer la sombre sentence. Francine est-elle encore aujourd'hui un émissaire de ma mère ? Que va-t-elle m'annoncer, cette fois ?

Au plus profond de moi, je le sais, mais je ne veux – ou je ne peux – l'entendre. Francine amorce une conversation et tente délicatement de m'amener là où je ne veux pas aller. Je la repousse, fais semblant de ne pas comprendre. Je sens de la colère en moi parce qu'elle me contraint à remettre en question le déni qui me protège. En dépit de mon hostilité, elle tient bon ; elle m'aime, elle est là pour moi, pour m'aider à envisager le pire.

Il y a deux ans à peine, Annie m'annonçait le cancer. Aujourd'hui, Francine m'annonce que maman va mourir.

Je suis lâchée en plein ciel. Le sol se dérobe sous mes pieds. C'est impossible, je refuse de l'entendre. Ma maman ne peut pas mourir. Je ne pourrai jamais lui survivre.

Je me débats mais le Réel s'impose. L'évidence est là, sous mes yeux : maman ne se lève plus depuis trois jours. La dernière fois que je l'ai vue debout, c'était peu de temps avant, alors que je l'accompagnais vers la salle de bains. Il y avait un miroir au bout du couloir et ce n'est qu'à travers son reflet que la réalité m'a percutée de plein fouet : je découvrais soudain une autre femme, un être décharné, recroquevillé, les jambes déformées. Et, dans un souffle, sa voix, presque une supplique : « Je t'en prie, ne me regarde pas ! » Comme si mon regard allait lever son propre déni et la mettre en face d'une situation qu'il ne lui serait plus possible de contourner.

Durant ces derniers jours, elle continue à écouter ses cassettes autant qu'elle le peut et, si incroyable que cela puisse paraître, elle semble y puiser ses dernières forces. Elle accepte courageusement l'épreuve, sans se plaindre, avec dignité, en se raccrochant à l'idée qu'elle est en train de toucher le fond, avant de rebondir, comme cela lui est promis dans la méthode Burger. Je ne peux plus me voiler la face. Je la vois souffrir. Elle est percluse de métastases, osseuses et cutanées. Et pourtant, elle persiste dans son refus de toute médication qui pourrait apaiser sa douleur. J'ai du mal à comprendre aujourd'hui les raisons de son mutisme concernant les souffrances de son corps. Quel sens donner à cela ? Au nom de quoi laissait-elle ces souffrances la détruire toujours davantage ? Voulait-elle payer quelque chose ?

Je ne comprends pas plus le silence sur ses douleurs morales. Malgré les agressions dont elle est l'objet depuis deux ans, elle ne dit rien de ses émotions, elle ne s'épanche pas, ni auprès de mon père ni auprès d'aucun de ses très proches. Nous restons tous là, impuissants, face au spectacle implacable de ces tourments silencieux. Elle tait son angoisse. Ce n'est que beaucoup plus tard, après son décès, que j'apprendrai qu'elle s'est confiée, un jour, au mari de l'une de ses meilleures amies, un proche, mais pas vraiment un intime.

Aujourd'hui, je m'interroge sur son silence vis-à-vis de nous et j'essaie d'en comprendre le sens avec Christophe. Qu'est-ce qui pousse une personne gravement malade à se taire ainsi ? Est-ce le refus de faire souffrir ceux qu'elle aime ? Est-ce qu'elle se culpabilise à l'idée d'être celle par qui vient le malheur pour ceux qui lui sont chers ? Cherche-t-elle ainsi à les protéger de la peine, ne serait-ce qu'un temps ? À un certain niveau, c'est évident, et cette motivation peut justifier le non-dit des émotions.

En même temps, qui protège-t-elle vraiment ? N'aspire-t-elle pas, par son silence, à contenir en elle l'impact destructeur de la maladie, comme s'il ne fallait pas laisser l'émotion se « répandre » hors de soi, circuler de façon anarchique et incontrôlable parmi les membres de la famille aux abois ? Le silence provient peut-être du fait que la personne malade redoute cette perte de contrôle. Car en se protégeant elle-même par le non-dit, elle évite de causer la détresse de ses proches – conjoint, enfants, parents. N'est-elle pas en effet déjà trop émotionnellement « happée » par sa propre angoisse pour ne pas, de surcroît, avoir à subir celle de son entourage ? Elle a sans doute besoin d'« économiser » le peu de force et d'énergie qui lui reste et de ne pas s'alourdir de la peine des autres. Mais quand la maladie en est à évoluer au point d'envisager la fin de vie, comme Francine vient de me l'apprendre, que se passe-t-il si le silence du cœur persiste ? Maman ne prive-t-elle pas alors ses proches de la possibilité de se préparer à son départ qui risque du coup d'être vécu comme un traumatisme, les mettant soudain au pied du mur ?

Je ne crois pas qu'il y ait de réponse toute faite. Quand on est une jeune mère de quarante-quatre ans et qu'on s'apprête à laisser derrière soi deux jeunes enfants, est-ce profitable de parler ? Parler mettrait assurément des mots insupportables sur ce qu'elle vit, elle qui est sans doute rongée par la culpabilité d'abandonner ses propres enfants. Une de mes amies a choisi ce silence, en taisant son cancer à ses jeunes enfants. Ils vont bien aujourd'hui. Ça ne les a pas détruits. Chacun avance comme il peut... Le silence et le non-dit sont peut-être parfois une manière de protéger les autres, par amour, et de se protéger soi-même, par nécessité : n'est-ce pas là une façon de négocier avec la peur et l'épuisement ?

*
**

Durant ce qui sera sa dernière semaine, ce n'est pas moi qui m'occupe de ma mère. Ma tante, sa sœur, a pris quelques jours de congé pour être à ses côtés et prendre soin d'elle. Solidaire avec son mari et mes grands-parents maternels, elle décide de nous accompagner en pratiquant l'instinctothérapie. Tout le monde s'y met !

À la maison, la vie continue. C'est la rentrée à la fac. J'entre en licence et mon frère termine son premier trimestre de première. Les cours reprennent. Malgré sa grande fatigue, je crois que maman est rassurée de constater que son état ne bouscule pas notre emploi du temps. Mais elle s'affaiblit toujours davantage, ne s'alimente pratiquement plus, ne se lève plus pour faire sa toilette. Je le vois mais je reste arc-boutée sur la certitude d'un mieux-être à venir. Les autres sont bien plus lucides. Tout s'organise autour de sa fin de vie. Ma tante, sa mère, ses amies se relaient pour s'occuper d'elle : la toilette, les soins quotidiens, jusque dans les gestes les plus intimes. J'ai été préservée de cela. Les amis, également très présents, se succèdent à son chevet. Ma grand-mère limite les visites, pour qu'elle ne se fatigue pas trop. Le médecin généraliste passe tous les jours, prescrivant quelques antalgiques et des ponctions du liquide qui s'accumule dans ses poumons métastasés et qui l'empêche de respirer correctement. Un ostéopathe tente quelques manœuvres douces pour soulager ses muscles douloureux. Je me souviens aussi d'une rebouteuse, recommandée par je ne sais qui. À la fin de sa consultation, alors que je raccompagne cette femme à la porte, elle se tourne vers moi et me dit : « Mais comment avez-vous pu la laisser se dégrader comme ça ? » Inutiles paroles chargées de culpabilisation...

Le 17 novembre 1983 – je me souviens, c'était un jeudi –, je quitte la maison, le matin, pour aller à la fac. Il est prévu que je passe prendre mon petit frère au lycée, en fin de journée, pour aller lui acheter un pantalon. Alors que j'entre dans la chambre de maman pour lui dire au revoir avant de partir – sans imaginer que cet au revoir est en réalité un adieu – je la vois dans son lit, recroquevillée en position fœtale, tournée sur le côté, les yeux mi-clos... Je me penche doucement vers elle, je l'embrasse et lui murmure :

– Ne t'inquiète pas, je m'occupe de mon frère ce soir, j'irai lui acheter son pantalon. Je m'en charge !

Oui, *ne t'inquiète pas, je m'occupe de mon frère* sont les derniers mots que je dis à ma mère. C'est étrange, ils résonnent comme des paroles prophétiques qui se seraient diluées dans la banalité du quotidien si je l'avais retrouvée le soir même. Mais je mesure aujourd'hui tout leur sens et toute leur portée.

En milieu d'après-midi, je m'arrête à la cafétéria de la fac de lettres. Curieusement, sans s'être concertés, mes amis me rejoignent et se réunissent autour de moi. Comme si elle les avait convoqués. Nous passons ensemble un moment paisible, chaleureux.

Il est 16 heures, ma mère vient d'expirer pour la dernière fois. En douce. Sans prévenir. Loin de moi.

Quand je repense aux ultimes instants de sa vie, je me dis qu'aujourd'hui, vu son état de délabrement physique, elle aurait été hospitalisée, je l'espère, dans une unité de soins palliatifs. À l'époque, personne ne nous l'a proposé. De fait, au début des années quatre-vingt, la prise en charge de la fin de vie était déjà pratique courante dans les pays anglo-saxons, mais elle venait à peine de voir le jour en France. J'ai soudain besoin de savoir ce qu'il en est en 2008.

Christophe m'aide dans cette démarche. Il a été psychiatre consultant dans une des plus grandes unités de soins palliatifs d'Europe, la maison médicale Jeanne-Garnier, située dans le XVe arrondissement de Paris. Il me propose de l'y accompagner...

*
**

Mercredi 17 septembre 2008 – 8 h 45

Je m'attends à un lieu hors du commun. Christophe m'en a souvent parlé, pour avoir suivi ici un grand nombre de malades en fin de vie.

J'arrive devant un grand bâtiment donnant sur l'avenue Émile-Zola. Il est attenant à un jardin planté d'arbres. En face, de l'autre côté de la rue, trois boutiques de pompes funèbres. Si, à l'intérieur, tout est conçu et pensé pour préserver la dignité de l'être humain en fin de vie, au moins, à l'extérieur, les intentions sont claires et sans équivoque...

J'entre. C'est un véritable hôpital de quatre-vingts lits, sauf que cela ne ressemble pas à un hôpital. Tout reste à dimension humaine, tant dans l'agencement des volumes que dans le choix des matériaux : beaucoup de bois, beaucoup de lumière, une ambiance calme et posée, en contraste avec les halls d'accueil pleins d'agitation des grands établissements hospitaliers. Dès l'entrée, je suis frappée par l'empathie de l'hôtesse d'accueil qui, accompagnée d'une infirmière et d'un agent funéraire, épaule une famille maghrébine qui vient de perdre un être cher. Les visages sont graves, ils sont tristes, mais je remarque aussitôt la qualité d'écoute et de parole qui leur sont accordées.

Le bâtiment se divise en six unités, réparties sur trois étages très clairs et très spacieux. Chaque étage comporte un pôle central pour les équipes soignantes, autour duquel s'agencent les chambres qui toutes donnent sur les arbres du jardin. La plupart sont ouvertes, ce qui traduit, me semble-t-il, l'absence de peur de se confronter à la vision de la fin de vie. Il n'y a pas d'odeurs d'hôpital, pas de relents nauséabonds ; l'endroit, résolument, n'a strictement rien à voir avec l'image qu'on se fait habituellement d'un « mouroir ». Bien au contraire : chaque unité constitue un lieu de vie calme, lumineux, chaleureux, presque gai.

Je suis conviée, grâce à Christophe, à la réunion de transmission matinale de l'équipe de jour. Tous sont présents : médecins, infirmières, aides soignant(e)s, agents hospitaliers, assistante sociale, bénévoles. C'est un espace de discussions, d'échanges, d'informations. Tout le monde s'exprime, sans hiérarchie, la parole d'un agent hospitalier recevant la même attention que l'intervention d'un médecin. Chaque personne hospitalisée est passée en revue. Au fur et à mesure, je prends conscience que chaque malade est considéré dans sa globalité, avec le souci constant de sa dignité, de son confort physique, psychologique et moral. Chaque anecdote pouvant faire avancer sa prise en charge est rapportée, chaque détail des dernières heures est analysé et mis en perspective dans le souci d'optimiser les soins prodigués. Ici, je le comprends très vite, on pratique une médecine sur mesure, on est toujours prêt à remettre en question un traitement, une décision, à réajuster une thérapeutique, aussi longtemps que cela va dans le sens du bien-être du patient. Même l'attitude des proches est prise en compte. Quels sont-ils ? Sont-ils venus ou pas ? Comment vont-ils ? Y a-t-il des problèmes familiaux ? Comment les aider eux aussi, le cas échéant ?

Le Dr Daniel d'Hérouville est le médecin responsable de la maison médicale Jeanne-Garnier. Il est présent à la transmission. Il me livre un exemple, tiré de son expérience, qui illustre bien la logique de la prise en charge en soins palliatifs. Il me raconte l'histoire d'un patient qui souffrait d'un encombrement pulmonaire terminal générant des râles à chaque respiration. En tant que médecin, il lui aurait été facile de libérer ce patient de cet inconfort. Néanmoins, ce traitement aurait engendré une somnolence dont le patient ne voulait pas. Celui-ci souhaitait en effet rester lucide et conscient pour profiter pleinement de l'ultime visite d'un ami très cher. Le médecin, après en avoir discuté avec cet homme, a finalement renoncé à traiter ses râles. Il a jugé plus important de préserver cette complicité amicale au détriment d'un confort physique, et de respecter ainsi les volontés du malade. Je comprends, par cet exemple, que nous sommes dans une tout autre logique que dans la médecine curative. Ici, il n'y a pas de protocole type : on s'interroge sur la pertinence de chaque décision, sur le pourquoi de chaque prescription.

La priorité de tous les soignants de cette maison ? Gagner le combat contre la douleur. Ils ne supportent pas de voir un patient souffrir et disposent de plusieurs stratégies antalgiques pour livrer bataille. Contrairement aux idées reçues, les soins palliatifs sont véritablement actifs et performants : actifs dans la finesse des prescriptions, grâce à une très grande expertise dans l'évaluation de la douleur et dans le maniement des traitements antalgiques ; performants dans le contrôle des symptômes physiques et psychiques qui altèrent la qualité de vie de la personne malade. Ses souffrances éradiquées, celle-ci peut se détendre, et s'ouvrir aux autres, à ses proches. Cela change tout dans le vécu de la fin d'une existence. L'espoir de vivre et de guérir, c'est le rôle de la médecine curative. L'espoir de ne pas souffrir et de préserver sa dignité humaine jusqu'au bout, quand il n'y a plus de guérison possible, c'est le rôle de la médecine palliative.

Il me revient aussitôt le souvenir de ma mère recroquevillée, murée dans sa souffrance, changeant sans cesse de position à la recherche d'un mieux. Quand on est inconfortable, toutes les pensées se focalisent sur cette quête d'un éventuel bien-être, au détriment de la relation avec ceux qu'on aime. Quand on a trop mal, il n'y a plus de place dans la tête : il n'y a que la douleur, et, à cause d'elle, on passe à côté de l'essentiel. La douleur physique annule la relation. Soulagée, ma mère aurait peut-être profité différemment de son entourage, de nous. À l'époque, la douleur était considérée comme inhérente à la maladie, il fallait faire avec ! On n'avait pas cette saine obsession de vouloir la combattre comme on le fait aujourd'hui.

Ainsi, plusieurs fois par jour, les soignants de Jeanne-Garnier se réunissent dans le seul but de tout envisager pour garantir le bien-être des personnes dont ils ont la charge. Cette idée me réjouit et évacue la tristesse et la lourdeur que je m'attendais à rencontrer en cet endroit. Paradoxalement, ce lieu se révèle d'une grande douceur, alors que la mort est, en elle-même, si violente. Et tous les soignants, à tous les niveaux, sont vraiment fiers d'y exercer leur métier, en se mettant à ce point au service de l'être humain. Je suis profondément touchée...

Assis à côté de moi, Ibrahim. Il est aide soignant. Je lui demande sa motivation à travailler ici. Il me répond qu'il a choisi Jeanne-Garnier parce qu'il a trop souvent été choqué d'avoir vu des personnes en fin de vie isolées, délaissées, négligées, parquées au fond des services hospitaliers qu'il a fréquentés. Ici, Ibrahim trouve la pleine mesure à sa fonction de soignant.

– Les soins palliatifs, c'est tout ce qu'il y a à faire quand il n'y a plus rien à faire, me dit-il. Si je devais changer de service, je ne saurais pas où aller. Côtoyer la mort, cela peut sembler difficile, mais me sentir utile à ce moment crucial de l'existence donne un sens à ma vie.

Cette maison n'est pas que médicale. Car je croise d'autres personnes dans ses couloirs : les membres de l'Association des bénévoles de Jeanne-Garnier. Ils sont plus d'une centaine, triés sur le volet et formés avec soin pour se relayer auprès des malades et des proches qui auraient besoin de leur présence et de leur écoute.

– Notre société réduit l'homme à son utilité, à son efficacité, à des tâches très concrètes, m'explique Xavier, soixante-huit ans, ancien DRH dans une grosse multinationale.

Il est bénévole à Jeanne-Garnier depuis quelques années.

– À l'inverse de cela, poursuit-il, cette maison est un lieu qui permet une quête d'humanité, de partage, de respect de la personne humaine. Dans cette maison, je vis des rencontres aussi belles que la lumière du soir sur le golfe du Morbihan. Ici, je me suis ouvert au regard intérieur. Cette maison propose en effet un regard du cœur... Une écoute, parfois juste une présence. Une simple caresse sur la main, c'est déjà une réponse. Quand on est dans le presque rien, ce qui émerge, c'est l'essentiel. Tant mieux si on apporte quelque chose. Mais une chose est certaine : ici, on reçoit beaucoup !

Je suis impressionnée par ce témoignage lumineux. Oui, je suis conquise par ce lieu, finalement plutôt gai, sécurisant, paisible. J'aurais presque envie de réserver ma place (!), envie de finir mes jours dans les mêmes conditions, là ou chez moi, mais avec la même prise en charge... Je mesure en même temps que c'est un luxe de pouvoir terminer ici son existence. Les conditions de travail y sont exceptionnelles, les soignants archi-qualifiés, aussi bien dans le « savoir être » que dans le « savoir-faire » ; ils disposent également d'un luxe suprême : ils ont du temps pour leurs patients. Le temps d'être disponibles, à tout moment, pour le confort des malades et de leurs proches. Tout ceci est tellement rassurant...

Une tristesse m'envahit. Je sais que ces conditions n'existent pas toujours dans les services hospitaliers, notamment dans les établissements publics. Loin de là, même. Problèmes de financement, carences de personnel, absence de réflexion éthique ou conception différente du soin en fin de vie ? Tout cela souligne en tout cas l'injustice et l'inégalité face à la maladie et face à la mort. Christophe m'explique que des médecins et des soignants reçoivent chaque année une formation pour distiller l'esprit des soins palliatifs au sein même de leurs services hospitaliers et qu'il existe, presque dans chaque hôpital universitaire, des équipes mobiles de soins palliatifs intervenant directement dans les services. Mais quand je compare une structure comme Jeanne-Garnier avec d'autres lieux, le contraste est flagrant ! Pour l'avoir expérimenté, je sais que cela n'a rien à voir : il y a deux ans, ma tante, atteinte d'un cancer du poumon avec métastases pancréatiques et cérébrales, a passé ses derniers jours dans un centre hospitalier. Le service d'oncologie a fait, bien sûr, appel à une équipe mobile de soins palliatifs. Certes la douleur était combattue, certes une psychologue passait voir ma tante à sa demande, mais l'environnement hospitalier, froid, parfois un peu glauque, n'avait rien à voir avec l'espace lumineux que j'ai découvert ici. Les soignants, bien moins nombreux, étaient eux aussi en souffrance, en dépit de leurs compétences et de la gentillesse dont ils faisaient preuve... Il serait évidemment formidable que d'autres endroits, à l'image de la maison médicale Jeanne-Garnier, se multiplient. Mais pour le moment cela reste un vœu pieux, comme nous le confirmera plus tard l'entretien que nous aurons avec la psychologue Marie de Hennezel, pionnière des soins palliatifs en France et auteur, entre autres, du livre intitulé *La Mort intime*[1]. Il m'avait bouleversée lors de sa parution en 1995 et je fus d'autant plus contente de rencontrer son auteur, qui nous a renseignés sur l'évolution des soins palliatifs dans notre pays, depuis leur création dans les années quatre-vingt.

Sophie : – Marie, pouvez-vous nous retracer les grandes lignes de votre parcours dans les soins palliatifs ?

Marie : – Tout a commencé en 1985. François Mitterrand, que je connaissais en tant qu'ami, m'a parlé de la Commission ministérielle d'Edmond Hervé qui rassemblait un certain nombre de méde-

1. *La Mort intime*, Éditions Robert Laffont, 1995 ; Éditions Pocket, 1999.

cins, de psychanalystes, de psychiatres, d'infirmières et d'aumôniers. Il m'a annoncé l'ouverture prochaine de la première unité de soins palliatifs en France et m'a demandé si j'accepterais d'être la psychologue de ce service. Je travaillais à l'époque en psychiatrie et également en tant qu'analyste et psychothérapeute. J'avais déjà effectué deux ou trois accompagnements de personnes atteintes de cancers en phase terminale, mais je n'avais aucune référence particulière. Néanmoins, quand François Mitterrand m'a fait cette proposition, j'ai aussitôt accepté.

Sophie : – Quelle était votre motivation ?

Marie : – Ce qui m'a intéressée, c'est que ce projet était pionnier. Rien n'existait en France. Il y avait une structure en Angleterre et une autre au Québec, mais ici, tout était à créer.

Un an avant l'ouverture de l'unité, je me suis retrouvée dans le service du Dr Abiven à l'hôpital de la Cité universitaire (aujourd'hui l'institut Montsouris) à Paris. C'était un service de médecine interne ; des gens y mouraient de différentes pathologies – mais essentiellement de cancers – et on m'a envoyée là... sur le front en quelque sorte : au feu ! C'est là où j'ai appris, sur le tas, même s'il est vrai que ma formation de psychologue m'y avait un peu préparée. Je suis aussi allée au Québec et en Angleterre pour étudier les pratiques palliatives sur le terrain et comprendre ce que signifiait le travail d'équipe très spécifique dans cette discipline : l'articulation de l'équipe soignante avec les médecins, le traitement de la douleur, la gestion de la vérité dite au patient et la communication avec les proches... Autant de sujets qu'il me fallait apprendre et partager avec l'équipe que nous étions en train de constituer.

Sophie : – Donc, la première unité a ouvert ses portes en 1987...

Marie : – Oui, et je dois dire que c'était extraordinaire. C'était un travail d'une incroyable humanité et je n'ai plus jamais revu cela ailleurs ! Il y avait douze lits et nous étions seize personnes en tout dans l'équipe ; les gens se dépensaient sans compter, un vrai don d'eux-mêmes. Nous étions tous si fiers de participer à ce projet... Il fallait tout inventer. Nous nous sommes fixé des règles de fonctionnement qui n'existaient pas dans les autres services : par exemple, les familles pouvaient être accueillies vingt-quatre heures sur vingt-quatre. C'était innovant à l'époque. En fait, on explorait ensemble un nouveau territoire dans une liberté étonnante !

J'ai vu des choses que je ne suis pas sûre de revoir. Je me souviens du Dr Abiven, penché au-dessus d'une jeune femme qui souffrait terriblement, et la prenant dans ses bras comme si elle était sa propre fille ! Je n'ai jamais vu un médecin faire ça ! Il y avait, dans cette unité, une espèce de liberté affective – qu'on nous a d'ailleurs reprochée... Ce que je veux dire, c'est que nous étions pris dans un élan destiné à humaniser les derniers moments de la vie. Nous avons vraiment foncé là-dedans et j'en ai un souvenir très fort qui m'a énormément apporté sur le plan personnel.

Sophie : – C'est à partir de cette expérience que vous avez écrit *La Mort intime* ?

Marie : – Effectivement, ce livre est le fruit de ce vécu dans l'unité. C'est vrai que cette première expérience de soins palliatifs a été très médiatisée mais beaucoup de gens ne l'ont vue que comme ça : une « expérience » qu'il ne fallait pas nécessairement reproduire. Au début c'était juste un petit noyau, et ça ne s'est pas beaucoup diffusé dans un premier temps... Néanmoins d'autres unités ont commencé à ouvrir en France.

Sophie : – Comment les soins palliatifs se sont-ils alors développés ?

Marie : – Il ne faut pas oublier que les soins palliatifs consistent aussi à contrôler la douleur du mieux possible. Bernard Kouchner, à l'époque, s'intéressait à la douleur avant même d'être au ministère de la Santé, quand il était secrétaire d'État à l'Action humanitaire. Beaucoup de médecins – les anesthésistes notamment – se sont intéressés aux soins palliatifs via la douleur. Et puis il y a eu l'apparition des associations de bénévoles en soins palliatifs – comme l'ASP [1] ou JALMALV [2] –, qui ont accompli un gros travail de terrain. Elles ont fait un important travail d'information par des conférences. J'étais d'ailleurs très souvent sollicitée.

Le grand tournant a été la loi donnant accès aux soins palliatifs pour tous. Elle a été votée le 9 juin 1999 – plus de dix ans après l'ouverture de la première unité... À partir de là, beaucoup d'unités ont été fondées, souvent sous l'impulsion d'une personne particulièrement sensibilisée, localement, aux soins palliatifs. Et progressivement, des diplômes universitaires de formation en soins palliatifs ont été créés dans quelques facultés de médecine.

1. ASP : Association pour le développement des soins palliatifs.
2. JALMALV : « Jusqu'à la mort, accompagner la vie ».

Sophie : – Et il y avait eu aussi l'épidémie de sida, dans les années quatre-vingt... Est-ce que cela a contribué à faire évoluer les soins palliatifs ?

Marie : – Oui, effectivement. C'est vrai que dans l'unité de la Cité universitaire, la moitié des patients étaient atteints du sida. Ces patients avaient besoin de clarté et de vérité. Cela mettait les soignants au pied du mur. Ces patients nous faisaient réfléchir et avancer dans nos prises en charge.

Sophie : – Combien de temps a duré cette expérience pour vous ?

Marie : – Presque dix ans... Puis j'ai pris un mi-temps de psychologue dans une unité de soins « sida » à l'hôpital du Bon-Secours à Paris. J'étais très sollicitée pour des conférences ou des congrès. J'ai aussi donné beaucoup de cours de formation auprès des soignants et des associations et j'ai écrit plusieurs ouvrages autour du même sujet : la question de l'euthanasie, l'humanisation des soins à l'hôpital, les questions spirituelles... J'ai envoyé le livre sur l'euthanasie[1] à Jean-François Mattei et,

1. *Nous ne nous sommes pas dit au revoir*, Éditions Pocket, 2002.

quinze jours plus tard, il m'a convoquée au ministère de la Santé. C'est là qu'il m'a confié une mission, au sein de ce ministère, pour le développement des soins palliatifs.

Sophie : – Et qu'en est-il ressorti ?

Marie : – J'ai beaucoup aimé transmettre mon expérience au grand public à travers les conférences, mais mon passage de cinq ans au ministère de la Santé m'a déçue. J'ai produit deux rapports durant cette période, mais il y a eu beaucoup d'effets d'annonce... et peu de résultats concrets, malheureusement. Par exemple, un numéro Azur – le 811 020 300 – a été créé pour aider les personnes à mieux accompagner la fin de vie : pour un conseil, une information, une orientation, une écoute psychologique... Mais il n'y a eu aucune campagne de communication ! Le numéro existe toujours, mais trop peu de gens le connaissent. Il est aujourd'hui porté par le centre François-Xavier Bagnoud à Paris [1].

Sophie : – Quelles ont été néanmoins les grandes avancées ?

1. Voir adresse en annexes, p. 230.

Marie : – Il y a eu deux plans, et notamment le plan Kouchner qui a, tout de même, fait avancer les choses : cela a permis la création de nouvelles unités fixes et d'équipes mobiles au sein des hôpitaux, ainsi que la mise en place de réseaux ville-hôpital de soins palliatifs. J'ai également rédigé un rapport où j'ai fait cinquante propositions sur l'amélioration des soins palliatifs. La loi Leonetti y a partiellement répondu, mais beaucoup de propositions n'ont pas vu le jour...

La loi Leonetti a néanmoins permis d'établir des décrets concernant l'obligation pour les médecins de soulager la douleur, même si ce soulagement doit parfois écourter la vie ; il y a eu également un décret concernant la désignation de la personne de confiance (un proche le plus souvent) qui assure, auprès des médecins, le relais des décisions de la personne en fin de vie, quand celle-ci ne peut plus s'exprimer (à cause d'un coma par exemple).

Autre avancée importante de cette loi : le respect du refus de traitement. Cela légalise enfin le non-acharnement thérapeutique. Par exemple, si une personne en fin de vie ne veut plus être alimentée ou refuse qu'on poursuive les traitements qui la maintiennent en vie, elle peut vraiment le demander et le médecin est tenu de respecter son souhait. Ce sont des avancées, mais là encore cette loi est très mal connue du grand public et des professionnels de santé... Elle est donc mal appliquée.

Sophie : – Est-ce que l'offre de soins palliatifs est la même partout en France ?

Marie : – Non... Dans mon rapport « La France palliative », j'ai montré qu'en France il y a des régions beaucoup plus développées que d'autres en matière de soins palliatifs. Il y a encore beaucoup à faire et il existe des secteurs très pauvres dans ce domaine : tout ce qui concerne les personnes âgées par exemple. Il faut maintenir une vigilance constante pour que le mouvement ne s'éteigne pas, c'est certain ! Je crois qu'il faut poursuivre l'effort de formation des médecins et continuer à exercer la pression au niveau des politiques.

Je constate malheureusement qu'il y a beaucoup de refus et d'opposition, même au sein des instances hospitalières ; c'est dû, je crois, à d'énormes résistances psychologiques inconscientes au sujet de la mort... Et pourtant, on sait très bien, au fond de soi, que ces questions sur la mort et la fin de vie sont importantes. Il est tout à fait normal d'avoir peur. Mais il est d'autant plus nécessaire, dans ce cas, de se rapprocher de ceux qui ont l'expérience et qui savent en parler. Se parler, se mettre ensemble autour de ces questions et faire preuve de solidarité, c'est la seule réponse pour que les choses avancent.

Sophie : – Quels sont, selon vous, les grands enjeux pour les soins palliatifs en 2009 ?

Marie : – Le grand enjeu est de vraiment *valoriser* l'expérience de l'accompagnement dans notre société, parce que, encore aujourd'hui, les derniers moments d'un être humain sont vécus comme un temps inutile ou comme un stress qu'on doit impérativement abréger.

Et pourtant, c'est quand même dans les derniers moments de la vie d'une personne que se jouent beaucoup de choses essentielles, pour elle-même et pour ceux qui l'entourent. Quand il y a un accompagnement digne de ce nom et que la personne est soulagée à tous les niveaux possibles, c'est l'opportunité pour chacun d'une profonde expérience humaine. Oui, c'est vraiment ça, l'enjeu : donner la place à cette expérience humaine.

L'accompagnement de fin de vie est valorisé aux yeux du public chaque fois que quelqu'un raconte son vécu, son expérience. Là, les gens sont vraiment touchés et cela a beaucoup plus d'impact qu'une décision politique – ils se disent : « Mais oui, ceci est important ; il faut que les choses avancent. » C'est quelque chose de l'ordre d'une transmission orale. C'est le poids et la force du témoignage. Chacun peut alors s'identifier : chacun sait très bien, au fond de lui-même, qu'il n'aimerait pas partir seul, dans la souffrance ou dans l'anonymat le plus total. Les soins palliatifs apportent des réponses pertinentes [1]. Par le témoignage, les gens comprennent la nécessité de faire bouger les mentalités et d'aller de l'avant dans le développement des soins palliatifs – tout simplement parce qu'ils prennent conscience de l'importance de la vie et de son caractère sacré.

*
**

Il est 16 heures. Je me retrouve avec Christophe dans un petit café, à proximité de Jeanne-Garnier. Cette visite m'a troublée. Je ne peux m'empêcher de remonter le temps et de faire une relecture des derniers temps de la vie de ma mère, à la lumière

1. Législation sur les soins palliatifs, 17 février 2009 : les députés ont adopté, à l'unanimité, une proposition de loi prévoyant la création d'une allocation d'accompagnement à la fin de vie. Le texte prévoit, pour la personne qui s'arrête de travailler afin d'accompagner un proche en fin de vie, une allocation de 49 euros par jour, pendant trois semaines maximum. Un congé de « solidarité familiale » existe déjà. Il permet à tout salarié de s'absenter pour accompagner un proche mourant, mais il n'est pas rémunéré. Les sénateurs doivent encore confirmer cette proposition.

de ce que je viens de vivre. Que se serait-il passé si elle avait été admise là-bas ? Qu'est-ce qui aurait été différent, pour elle, pour nous, pour moi ?

Pour pouvoir tenir psychologiquement, maman a dû mettre à distance la réalité de sa fin de vie. Elle s'est peut-être menti à elle-même, ce qui l'a conduite à nous mentir, à nous. Dans un lieu comme Jeanne-Garnier, où les conditions sont réunies pour rendre tolérable la prise de conscience de la fin de vie, n'aurait-elle pas été soulagée de s'affranchir du poids du déni et du mensonge ? N'aurait-elle pas connu une sorte d'apaisement à se libérer de ce fardeau ?

Ibrahim, mon nouvel ami aide soignant, m'a raconté tout à l'heure, avec beaucoup de fierté et d'émotion, qu'il a un jour dénoué une situation de mensonge et de silence entre une mère en stade terminal d'un cancer et les membres de sa famille. Chacun voulait épargner l'autre, en feignant d'ignorer l'issue imminente. Avec simplicité, Ibrahim les a tout simplement invités – ou autorisés ? – à se parler de cœur à cœur et à oser s'avouer la vérité. Après cet échange, la malade s'est détendue et elle s'est envolée, apaisée, dès le lendemain...

Sincèrement, je n'ai pas senti ma mère partir. Si j'avais su, je serais restée à son côté, d'une autre façon. Francine a tenté de me prévenir mais je n'ai pas voulu l'entendre. À Jeanne-Garnier – qui sait ? –, l'échange avec un soignant, un psychologue ou un bénévole extérieur à ma famille m'aurait peut-être ouverte à la possibilité d'un dialogue... J'ai la douloureuse impression d'être passée à côté de l'essentiel.

Maman, que m'aurais-tu dit ? « Occupe-toi de ton frère » ? Ce furent mes derniers mots pour toi... « Deviens quelqu'un de bien » ? Je m'y suis toujours efforcée car tu m'as montré l'exemple en toute circonstance... « Je t'aime » ? Je le savais, bien sûr, mais j'en aurais bien repris un petit peu... Que tu me parles aussi de l'avenir, que tu me donnes des conseils, que tu me redonnes confiance... Mais est-ce que tout cela peut se dire en quelques mots seulement ? À vingt ans, avais-je la maturité nécessaire pour affronter un tel dialogue ?

Je reste perplexe. Pourquoi maman n'a-t-elle pas initié cet échange ?

– Certainement pour se protéger elle-même, avec le peu de moyens qu'elle avait, me répond Christophe. Mais aussi pour te protéger, pour vous protéger.

Parfois le fait de ne pas parler apparaît comme une protection indispensable, nous l'avons dit, soit pour préserver l'espoir, soit pour se préserver soi-même et tenter de préserver ses proches, tel un acte d'amour. Je peux le comprendre car nous étions tous tellement démunis... Mais, dans d'autres conditions, si un espace de parole avait été rendu possible, maman ne nous aurait-elle pas apaisés en nous préparant à son départ ? Son silence était sûrement une protection, mais une protection par défaut, à défaut d'autre chose.

Je comprends aussi que, souvent, on puisse remettre l'essentiel que l'on souhaite partager avec ses proches à « plus tard ». Mais parfois, si l'on attend trop, ce « plus tard » devient « trop tard », comme le dit Christophe, car la mort nous prend de court... Pourquoi attendre, alors ? Pourquoi, dès aujourd'hui, ne pas dire à nos proches à quel point ils comptent et combien on les aime ?

Quand c'est la peur qui gouverne et impose le silence autour de la maladie et de la fin de vie, il est toujours possible d'essayer, grâce à un tiers, de vaincre cette peur, d'aller au-delà, et de libérer une parole qui pourra apaiser ou soulager. Parfois, ce silence trouve son origine dans les proches eux-mêmes. Le refus de parler de la personne malade peut alors être une réaction face à la peur, voire même à la terreur, de l'entourage qui s'avère incapable d'entendre quoi que ce soit. La personne en fin de vie s'ajuste aux messages plus ou moins conscients de ses proches et garde le silence pour les protéger d'eux-mêmes.

Est-ce que cela veut dire qu'il faut parler, coûte que coûte, en fin de vie ?

– Coûte que coûte, non, affirme Christophe.

Le rythme et les mécanismes de protection psychique de chacun doivent être respectés. Pour ma mère, je crois qu'il n'y avait pas d'autre possibilité que le silence, compte tenu de la situation.

Peut-être aussi que, quand l'essentiel a déjà été énoncé dans un quotidien où l'on a, jour après jour, exprimé son amour, parler en fin de vie n'est plus aussi indispensable. Tout a déjà été dit...

Mais parler devient utile, parfois même indispensable, si cette prise de parole peut dénouer ce que le Dr Elisabeth Kübler-Ross – dont je vous ai déjà parlé plus haut – a appelé l'*unfinished business*, ce qui reste en suspens. Tous ces non-dits, ces silences, ces conflits larvés qui ont peu à peu appauvri la relation. Là, le dialogue est libérateur et peut apporter un immense soulagement : on peut dire son amour ou son affection, exprimer sa gratitude, remercier, demander pardon, se réconcilier, transmettre une expérience, une vision de l'existence comme une sorte d'enseignement ou d'héritage spirituel. On peut aussi révéler des secrets, dénouer des nœuds familiaux. On peut également avoir besoin de parler avec ses proches pour se rassurer sur cette existence qu'on est en train de quitter. Ai-je bien vécu ? Ai-je mené une vie qui en valait la peine ? Ai-je suffisamment aimé ? Certes, il est plus facile de parler sereinement avec autrui de sa vie qui s'achève quand on a la certitude d'une existence accomplie, quand on a le sentiment, serein, d'être parvenu au bout du chemin. Comme sœur Emmanuelle par exemple, qui semblait attendre la mort avec impatience, pour rejoindre enfin son *Fiancé*, après une centaine d'années bien remplies ! Mais tout le monde n'a pas la chance d'avoir tutoyé la sainteté. Et peu importe, l'essentiel est de se libérer de ses doutes auprès d'un ou de plusieurs proches, et ainsi de se rassurer : on ne s'est pas si mal débrouillé, au fond. Il s'agit surtout de se réconcilier avec ceux qu'on a rejetés, ou qui vous ont rejeté. À l'aube de la mort, on touche à l'essentiel, et il suffit parfois d'un mot, d'un regard, d'un geste pour que disparaisse l'inanité des conflits les plus lourds. Pour le mourant, c'est la lumière enfin retrouvée ; pour celui qui a encore à vivre, c'est une délivrance.

– 6 –

J'ai quitté la fac et j'ai retrouvé mon petit frère. Il est tard. Nous avons pris notre temps pour lui choisir un pantalon. Occupation futile et dérisoire, au regard de ce qui nous attend à la maison. Je n'ai pas appelé chez moi de la journée car je réfrène un vague pressentiment. Nous rentrons en voiture. Il est 19 heures, il fait nuit noire, et pourtant les volets de mes grands-parents sont ouverts. Ce détail m'interpelle. Ce n'est pas normal.

Notre maison se détache dans l'obscurité. Toutes les pièces sont allumées. J'ouvre la porte. Ils sont tous là, désemparés, en larmes, la famille, les amis. Une cinquantaine de personnes. Ils nous attendaient, inquiets de notre absence. Je comprends tout de suite. Mon frère met plus de temps. Il s'étonne d'abord de voir autant de monde puis il réalise, enfin. Il hurle et part s'enfermer dans sa chambre. Je reste là, debout, stoïque, la bouche sèche, le souffle coupé. J'ai mal partout. Rien ne sort. Pas un son. Pas une larme. Je suis sous le choc, j'avance, tel un zombie. Je regarde autour de moi. Vingt-cinq ans plus tard, je revois, intacte, cette scène qui restera marquée en moi à tout jamais. J'aperçois mes grands-parents maternels, isolés au fond de la pièce, assis sur un bout de canapé, main dans la main, silencieux, prostrés dans leur douleur, dignes. Ils ont l'élégance de ne pas se laisser aller. Et pourtant, comment supporter la disparition de leur enfant, si jeune, avant eux ? Ce n'est pas dans l'ordre des choses. Je vois aussi papa prendre dans ses bras le professeur qui partageait le bureau de ma mère, à la fac. Elle avait été son élève ; lui était son Pygmalion, son maître. Ils se sont adorés. Il est effondré, secoué de sanglots, terriblement malheureux. Il se reproche peut-être de n'avoir pas su ou pas pu aider maman pendant ces longs mois de maladie. C'était sans doute trop insupportable pour lui. En tout cas, il a souvent fui, malgré lui, malgré l'affection qu'il lui portait. Maman lui en a parfois voulu. Le lui a-t-elle dit ? Je ne le saurai jamais. Sa femme est à côté de lui, elle s'écrie : « Mais c'est le monde à l'envers ! » Drôle de situation... J'accueille un ami très proche de mes parents qui revient de Paris. Il a appris le jour même qu'il était viré de son boulot. Et que ma mère n'était plus. Il y a des journées qu'on préférerait ne pas vivre. Il se jette dans mes bras. Il ne se remettra jamais vraiment de ce double traumatisme.

Puis tout se brouille en moi. Je ne distingue plus rien de précis. Juste un brouhaha qui s'amplifie. Je perds pied. Un médecin me donne un calmant. Sidérée, je ne dis toujours rien. Je me lève enfin. Il faut que j'aille voir maman. La voir, pour y croire.

Elle repose sur son lit. Je la détaille. Je la touche. Sa main, sa magnifique main, fine et longue, est froide et figée. Son visage est détendu. Les quelques rides qui s'étaient creusées ces derniers temps ont disparu. Elle ressemble à une gamine de vingt ans. Je m'écroule. Ma maman... Non ! Tout en moi refuse. C'est impossible. Pourquoi elle ? Pourquoi si tôt ?

Sournoise, l'odeur de la mort envahit déjà la chambre et imprègne tout sur son passage. Ce souvenir s'imprime dans ma mémoire olfactive. Jamais je ne parviendrai vraiment à l'évacuer, cette odeur terrible. Il suffit que je l'évoque pour qu'elle se dégage à nouveau, tenace, entêtante. Alors on éteint le chauffage. Il faudra se couvrir pour rester auprès d'elle.

Mon père est en larmes, totalement perdu, tel un enfant abandonné, incapable de nous réconforter, de nous rassurer sur notre avenir sans elle. Comme si lui non plus n'avait jamais vraiment imaginé ce départ prématuré. Je pressens qu'il me faudra trouver d'autres soutiens pour me raccrocher à la vie. Je regarde autour de moi. Où est mon frère ? Toujours dans sa chambre. En état de choc. Il a seize ans. C'est plutôt un taiseux. J'avais rarement évoqué avec lui la gravité de la maladie de notre mère et encore moins l'éventualité d'une issue fatale proche. On n'y pensait vraiment pas. En tout cas on n'en parlait pas.

Progressivement, la maison se vide. Les amis repartent, les uns après les autres. On sera bientôt tous les trois, face à notre malheur. Je redoute ce moment. Il va falloir préparer le dîner... J'ai froid. Je ne veux pas rester seule. Mon père a trop à faire avec son propre chagrin. Mes cousines germaines décident alors de rester chez nous, pour dormir avec moi. Je me souviens de cette première nuit sans elle. Une nuit blanche. Nous étions là, serrées dans le lit, les unes contre les autres. On a beaucoup pleuré cette nuit-là. On a beaucoup parlé aussi.

Les nuits qui suivent sont tout aussi longues et douloureuses, hantées par une question qui revient inlassablement : comment vais-je pouvoir lui survivre ? Les journées passent plus vite : il y a tant de choses extrêmement concrètes, parfois sordides, à gérer... Il est étonnant de constater qu'on peut faire face et qu'on est capable de prendre autant de décisions au moment précis où l'on est totalement accablé ! J'admire la dignité, le courage et la force de mes grands-parents maternels. Ils assurent, malgré leur douleur : ils préparent la messe, choisissent les textes, la musique. Ils se doutent bien que tout le village se déplacera pour saluer la mémoire de leur fille et ils souhaitent une cérémonie à son image : sobre, élégante, raffinée. Je tiens à ce que l'*Adagio* d'Albinoni soit joué. Je l'écoutais en Allemagne en pensant à elle...

Malheureusement, le prêtre n'a pas voulu d'un disque et, le jour des obsèques, le morceau de musique que j'avais souhaité est massacré par l'organiste du village. Je n'arrive pas à me recueillir dans cette église pleine à craquer. Il y a tant de monde... Je m'attache à des détails. Un chat noir au regard vert s'attarde sous nos chaises et se frotte à nos jambes. Entre ses larmes, mon frère le remarque également. J'y vois un signe. J'imagine ma mère, réincarnée en chat noir aux yeux verts, qui vient nous assurer de son amour éternel... Au secours, je deviens folle ! Je suis obsédée par le tintement des pièces qui tombent dans l'escarcelle de l'église depuis le début de l'office. Je n'entends plus que cela et je suis en colère. Laissez-moi me recueillir en paix !

Vient le tour des employés des pompes funèbres : ils soulèvent le cercueil de ma mère. Avec effroi, j'entends son corps, trop léger, glisser à l'intérieur et heurter la paroi. Peut-être la tête ? Sa si jolie tête... Ma confusion et ma colère redoublent. Laissez-la tranquille ! Laissez-la reposer en paix !

Puis nous traversons la nef, croisons des regards amis qui ravivent nos larmes, et nous dirigeons au milieu de la foule bouleversée vers le cimetière, à pied. C'est le moment tant redouté, la séparation finale, l'inhumation... Je suis fière de voir autant de monde. Émue de voir autant de fleurs... Je déplore pourtant que nous n'ayons pas choisi de donner l'argent dépensé pour cette cérémonie à une association. En même temps, c'est tellement beau, cela lui ressemble ! Nous nous accrochons les uns aux autres pour ne pas sombrer. Je reconnais, dans la foule, le visage de quelques professeurs de mes jeunes années de collège. Je suis touchée par leur présence. Et je pleure, inlassablement. Je ne pensais pas qu'un corps puisse contenir tant de larmes... À cet instant, je suis sûre qu'il n'y aura pas pour moi pire douleur. Mais avec le recul des années, je sais aujourd'hui que le plus dur n'allait venir que bien plus tard...

Les premiers jours, les premières semaines, notre entourage est très présent. Les invitations se succèdent. Je reçois beaucoup de courrier et je mesure combien ma mère a marqué ceux qu'elle a rencontrés. Ces témoignages d'amour et d'affection me réconfortent. Cela me fait du bien de savoir qu'elle continuera à exister dans le cœur des autres. Mais, petit à petit, chacun retourne à son propre quotidien. Au fil du temps, le flot des paroles qui apaisent se tarit... Une autre forme d'abandon à notre souffrance. Et ce n'est que là, plusieurs semaines après son départ, que nous commençons à affronter la véritable solitude. Livrés à nous-mêmes, en plein chaos, nous ramassons les morceaux de notre vie. Tant bien que mal, nous tentons de réorganiser notre existence. En tout cas nous survivons, alors que nous pensions que cela nous serait impossible... C'est la première surprise !

Notre famille est amputée, et il faut apprendre une autre façon d'être ensemble, mon frère et moi, mon père et moi. Nous n'avons pas parlé durant la fin de vie de ma mère et ce silence, cette incommunicabilité profonde entre nous, ne parvient pas à se dissiper. Les mots nous manquent... Nous avançons sans nous parler, alors qu'il faudrait nous confier les uns aux autres et partager notre peine. Alors, assez vite malheureusement, la confusion s'installe dans nos rapports. Mon père n'est pas très présent, mais finalement ni plus ni moins qu'avant... Il n'est pas très protecteur envers nous, ses enfants. Il n'est pas très rassurant. Comme cela arrive souvent quand on devient veuf ou veuve, il a de plus en plus de mal à côtoyer les couples qu'il fréquentait auparavant, avec ma mère. En leur présence, il se sent d'autant plus seul, assailli par trop de souvenirs communs qui soulignent l'absence. Il a besoin de changer d'environnement, de voir de nouvelles têtes alors que nous, les enfants, nous tentons de nous raccrocher aux souvenirs et aux habitudes d'avant...

Je souffre de ce décalage. Je ne comprends pas sa façon de faire face à son deuil, en nous délaissant autant. Immanquablement surviennent les premiers malentendus entre lui et moi. Il sort énormément. Je le croise parfois dans le couloir de la maison, tard dans la nuit. Il rentre après moi, à l'issue de soirées arrosées en compagnie de nouveaux jeunes amis. Je peux comprendre qu'il ait besoin de se construire d'autres souvenirs, de s'évader et de fuir un passé récent trop malheureux. Mais je ne l'accepte pas. Je lui en veux : il ne tient pas son rôle, il ne tient pas sa place. Je proteste. Je trouve cela injuste. Je lui reproche de ne pas assurer la cohésion familiale alors que tout s'effondre autour de nous. Et puis c'est à moi de sortir et de mener une vie de patachon, c'est moi qui viens de fêter mes vingt ans ! Je suis étudiante, je devrais être indépendante et insouciante !

Seulement c'est compter sans la mort de maman... Oui, je pourrais être cette étudiante insouciante, mais c'est tout sauf la réalité de ce que je suis en train de vivre. D'ailleurs, au plus profond de moi, je ne m'en sens pas le droit : je m'estime responsable du maintien d'une certaine organisation familiale. Je prends sur moi, je fais le marché, la cuisine, je suis sans cesse sur le dos de mon frère, je me dispute avec mon père, je râle... C'est le fiasco total. Je fais fausse route, même si je n'en ai pas encore réellement conscience : pour l'heure, je suis sûre de n'avoir pas d'autre choix, je le répète, que de préserver la cohérence de notre univers familial. Je prends à mon compte ce que mon père se révèle incapable de faire sans réaliser que, en agissant ainsi, je m'identifie totalement à ma mère. Identification excessive, où je me perds moi-même...

Mais je n'ai pas de recul, personne n'est là pour me guider et me rassurer. Je m'imagine que je dois assumer un rôle de mère auprès de mon frère. Et, comme on peut s'en douter, il ne l'accepte pas et se révolte face à cette prise de pouvoir. Il a besoin d'une sœur, pas d'une mère ! Son instinct de survie le conduit à se réfugier souvent chez un copain, au sein d'une famille nombreuse, chaleureuse, qui l'accueille... Il s'y sent bien et y trouve le réconfort qui n'existe plus à la maison.

Je m'efforce aussi de tenir vis-à-vis de mes grands-parents maternels. Je veux être à la hauteur de leur dignité, pour leur apparaître exemplaire, et surtout, je crois, pour les rassurer et ne pas les inquiéter sur mon sort. Je veux leur montrer que je suis capable d'assumer... Je tente aussi de compenser l'absence de ma mère par une présence peut-être excessive à leurs côtés. Ils l'apprécient, je l'espère en tout cas. Mais me battre sur tous les fronts m'épuise progressivement. Je réalise peu à peu que c'est bien trop lourd à porter et, surtout, que personne ne me demande d'agir ainsi ! Au bout du compte, je me sens seule, dévastée, en mal de protection et de sécurité. Je suis en décalage, déphasée par rapport à l'insouciance de mes copains de fac. Bref, ça ne va pas fort.

*
**

À l'époque, personne ne nous propose d'aide psychologique. On n'y pense même pas, d'ailleurs. Il est normal de s'en sortir tout seul. Le travail de deuil ? Cette notion n'existe pas encore. Quand j'y repense, j'ai vraiment l'impression d'avoir accumulé pas mal d'erreurs à éviter en pareilles circonstances.

Mais comment s'aider soi-même quand on est en deuil ? Christophe en parle longuement dans son livre *Vivre le deuil au jour le jour*[1] et je vous en recommande la lecture si vous avez perdu un proche.

Quand on se blesse et qu'une plaie se forme, notre corps, dans son intelligence innée, engage un processus de cicatrisation qui va refermer cette blessure. Quand on perd quelqu'un qu'on aime, la même chose se produit au niveau psychique : notre esprit met en œuvre un mécanisme de cicatrisation. Accompagner du mieux possible cette lente cicatrisation, comme une infirmière le ferait pour une blessure physique, c'est ce qu'on appelle le « travail de deuil ». C'est une démarche volontaire, qui vise à suivre le processus naturel du deuil afin de préserver notre intégrité psychique ébranlée par la perte d'un être cher. Cela n'a rien à voir avec l'oubli ! Nous en reparlerons plus tard, à la fin de cet ouvrage.

« Vivre son deuil » de la façon la plus saine, c'est d'abord comprendre qu'il existe quatre étapes bien définies dans ce processus : la phase de choc et d'incrédulité ; la phase de recherche où l'on tente de préserver le lien avec la personne qu'on a perdue en ayant besoin de parler sans cesse d'elle ou de rester en contact grâce aux photos, aux vêtements,

1. Éditions Albin Michel, 2004.

etc. ; la phase de déstructuration où l'on a l'impression de perdre tous ses repères, de perdre la personne une seconde fois ; la phase de restructuration, enfin, qui apporte l'apaisement après des années de confusion. Connaître ces étapes ne permet pas de faire l'économie de la souffrance, mais il est très rassurant de savoir qu'il y a une cohérence dans ce qui semble n'être qu'un flot chaotique de détresse. Le processus de deuil est quelque chose qui nous est nécessaire et bénéfique ; il nous évite d'être détruit par la douleur de la perte. Ne vous y trompez pas : il a pour fonction de vous *restaurer* intérieurement, même si son vécu est âpre et difficile.

« Vivre le deuil », c'est prendre soin de soi. Prendre soin de son corps qui s'épuise à cause du stress chronique qu'engendre la perte d'un être cher, mais aussi prendre soin des émotions qui montent en soi. C'est le cœur du « travail de deuil » : accepter d'exprimer ses émotions, *toutes* ses émotions, de la manière la plus juste pour soi. On peut en parler avec des gens qui savent écouter, on peut les exprimer par écrit ou dans le secret de son cœur. L'important est de ne pas les étouffer en soi. Il faut aussi accepter d'être aidé, et ce n'est pas toujours chose facile. Soit parce qu'on n'ose pas demander, soit parce qu'on a trop d'amour-propre et de fierté pour oser se montrer fragile ou vulnérable. Et pourtant, le soutien d'autrui est une aide inestimable sur le chemin du deuil. J'en ai fait l'expérience moi-même.

*
**

À l'époque en effet, tout comme mon frère, mon instinct me pousse à aller chercher ailleurs qu'à la maison le réconfort dont j'ai besoin. Je le trouve dans une famille nombreuse, pas celle qui accueille mon frère, une autre. Là, je me sens en sécurité. Ce que je ne sais pas, c'est que le refuge que je trouve dans cette famille porte l'empreinte de ma mère : j'ai appris bien plus tard qu'au cours de sa maladie, maman, qui savait que j'étais proche de leurs enfants, était allée demander à ce couple, chercheurs à la fac des sciences, de m'entourer, au cas où... Ils ont rempli leur mission, sans jamais m'avouer cette requête, comme s'ils m'ouvraient leur maison tout à fait spontanément. J'espère qu'ils y prenaient un peu de plaisir. En tout cas je les en remercie du fond du cœur aujourd'hui. J'ignorais que ma mère avait entrepris une telle démarche auprès d'eux. Cela en dit long sur son amour pour moi... et sur sa lucidité quant à sa fin prochaine.

Le temps s'écoule lentement depuis son départ. Jour après jour, je ressens le manque d'elle. Un sentiment sourd et lancinant. J'ai le souvenir douloureux de week-ends d'une tristesse infinie. Les moments où elle me manque le plus, c'est quand nous nous retrouvons seuls, tous les trois, le soir. Le dimanche soir, avant, ce n'était déjà pas très drôle, désormais c'est totalement sinistre. Heureusement, Francine, toujours elle, est là ! L'amie fidèle qui ne faillira jamais. Elle crée pour nous une sorte de rituel en instaurant, chez elle, un dîner familial hebdomadaire. Merci Francine, nous te devons les fous rires et les rares moments de détente de cette bien sombre période.

Bon an, mal an, je poursuis mes cours à la fac. Mon frère, souvent livré à lui-même, force notre admiration en obtenant son bac du premier coup. Il se structure dans les études, devient un jeune homme mûr et responsable. Il choisit une formation commerciale, courte et efficace, et déniche rapidement un emploi. Chapeau bas, petit frère ! Moi, de mon côté, je m'ouvre un coin de ciel bleu en faisant du sport. Du tennis et du basket. Là je retrouve mes cousines... Nous jouons dans la même équipe avec mon oncle. Il nous entraîne et mon grand-père maternel tient la feuille de match. Pour lui, c'est une vraie joie de réunir ses trois petites-filles sur le même terrain, où nous nous distinguons du haut de notre mètre soixante-deux ; pour nous, c'est une vraie fierté de lui offrir ce bonheur. Un petit bonheur, enfin... De plus, les entraînements et l'esprit d'équipe m'offrent un cadre structurant auquel je me raccroche.

Pour le reste, je tâtonne. Je me cherche de nouveaux repères. Je viens de réussir plutôt brillamment ma licence de langues étrangères appliquées et choisis de faire un stage de « commerciale » chez un négociant en vins. Je n'oublie pas mes racines, au milieu des ceps de vigne, au cœur du terroir des Graves... Pourquoi ne pas utiliser ma formation linguistique et mon goût prononcé pour les bons crus ? Hélas le stage se révèle sans intérêt. Je ne suis pas dans mon élément. Je ne suis pas dans mon milieu. Je me sens mal à l'aise au sein de cette bourgeoisie bordelaise extrêmement fermée. Je sais bien par ailleurs que mon père serait rassuré sur mon sort si je décidais de devenir prof, avec ce que le statut de fonctionnaire implique, à ses yeux, de sécurité... et de vacances ! Mais je nourris d'autres envies, d'autres désirs, même s'il m'est difficile de les définir précisément.

À travers les mailles serrées de ma souffrance, je sens en effet que quelque chose est en train de se déployer en moi, se révélant par bribes successives...

C'est étrange : je ressens un double mouvement intérieur. Un jour, je suis happée par le passé et la douleur de la perte de maman, un autre, je me sens appelée par un élan de vie qui ne cesse de me surprendre. J'oscille ainsi pendant des mois, changeante, hésitante, incertaine... Mais plus le temps passe plus je réalise que j'ai besoin de vivre, besoin de vivre ma vie, une vie bien à moi. Comme si je me réveillais d'un mauvais rêve, je me rends compte que jusque-là, du moins depuis ces derniers mois, je n'ai fait que survivre instinctivement, maladroitement. Je prends conscience de mes impasses et de mes fausses routes. Il m'apparaît soudain clairement que je me perds et m'enlise dans un rôle de composition. Je ne serai jamais ma mère. Je n'ai pas à la remplacer. C'est un combat vain, perdu d'avance. Je ne peux annuler sa disparition. Il ne m'est pas demandé d'être la gardienne de son souvenir par le sacrifice de ma propre existence.

Oui, il est temps que je pense à moi. Il est temps que j'apprenne à me faire du bien, à me laisser aller auprès des copains de mon âge, à rentrer plus tard que mon père. Je pressens de plus en plus fortement que c'est à moi de définir la direction que je veux donner à mon avenir. Je ne veux plus subir. *Subir*, le mot est lâché. Non, je ne subirai pas. Je n'ai plus rien à perdre, j'ai déjà perdu ma maman. Alors, si j'osais... Si j'osais entreprendre, si j'osais choisir une orientation impensable, inimaginable, si j'osais m'écouter...

Seulement j'ai à peine évoqué cette ébauche de projets que je m'effondre de plus belle. La colère monte. Je suis de plus en plus révoltée par la disparition précoce de ma mère. Je n'arrive pas à m'en remettre, en dépit de tous mes efforts. Je m'écroule régulièrement la nuit, seule, dans mon lit. C'est ça, le long tunnel du deuil. Il n'y a aucun moyen de le contourner. Vivre le deuil, c'est rencontrer mes émotions, toutes mes émotions. Je repense à maman, à son histoire, à ses choix, à ses non-choix... Je ne peux m'empêcher de me dire qu'elle n'a pas dû – ou pas pu – aller au bout de ses envies, de ses désirs, de ses aspirations ! Quand je repasse le film de sa vie, je vois une femme courageuse, forte et volontaire, mais je vois aussi une femme qui n'a pas cessé de *subir* depuis son enfance. Une femme de devoir qui n'a fait que se soumettre aux choix des autres, en étouffant les siens. Je vais jusqu'à imaginer qu'elle s'est fabriqué elle-même ce cancer incurable, nourri de ses frustrations, tant personnelles que professionnelles. Elle aurait pu avoir une carrière scientifique beaucoup plus brillante, enrichissante. Elle était belle, mais tellement « devoir familial avant tout » ! N'aurait-elle pas aimé un peu plus d'insouciance, de désinvolture ? Ah, si j'avais pu parler de tout cela avec elle, comme je l'ai fait avec ma tante, à la fin de sa vie ! Dans mes réflexions les plus folles, j'imagine qu'il n'y avait finalement que la maladie puis la mort comme ultime porte de sortie à tant de frustrations. Appelait-elle la mort de ses vœux en me répétant qu'elle mourrait jeune ?

Régulièrement, j'imagine les questions qui ont dû l'assaillir. Pourquoi ce cancer ? Pourquoi moi ? Ai-je fait quelque chose pour « mériter » cela ? C'est inévitable, je crois, car la quête de sens est le propre de l'Homme. Je suis consciente, en même temps, du risque que l'on encourt à vouloir mettre du sens partout, et à tout prix. Oui, bien sûr, il pourrait être tentant d'affirmer que son cancer, maman se l'est fabriqué toute seule. Ce serait « intelligent » d'imaginer que les « mots » qu'elle n'a pas pu dire dans sa vie se sont transformés en « maux » dans son corps... Mais ce serait certainement aller un peu vite en besogne : ce n'est qu'une interprétation de ma part, une possibilité parmi tant d'autres, et je dois accepter que les « vraies raisons » de ce cancer me seront toujours inconnues...

Je me souviens de la réponse que m'a faite David Khayat, lors de ma visite à La Salpêtrière. Je lui demandais ce qu'il pensait de la dimension psychologique dans l'apparition du cancer, et s'il croyait que le psychisme conditionnait beaucoup la survenue de la maladie.

– Vous savez Sophie, m'a-t-il répondu, j'ai deux doctorats : un de sciences et un de médecine. Le scientifique, le docteur en sciences, va vous dire : « Non ! Il n'est absolument pas prouvé que le psychisme conditionne l'apparition de la maladie... » Mais le docteur en médecine, qui voit quarante malades par semaine, eh bien, il va vous dire : « Oui... Il y a certainement une composante psychique dans l'apparition du cancer. » Mais je ne peux pas aller plus loin car ce n'est qu'une spéculation de ma part et une intuition qui émerge de ma pratique... En tout cas une chose est sûre : le psychisme est une condition qui favorise la guérison. Si vous avez la conviction que vous allez guérir, cette force de vivre, vous pouvez guérir ! Le parcours est dur, mais le fait de s'accrocher pour tenir jusqu'au bout est une condition indispensable pour avoir toutes les chances de s'en sortir. Cela ne fait pas tout dans la guérison, bien évidemment, car ce n'est pas suffisant... mais c'est important.

Nous en avons également parlé avec Christophe. Il est vrai que fantasmer sur des causes uniquement psychologiques du cancer est intellectuellement séduisant, mais cela comporte des pièges. Si, par exemple, un médecin, ou un proche, affirme :

« Votre cancer est la conséquence des conflits qui détruisent votre famille », ou « Votre tumeur du sein est liée à votre désir d'enfant inassouvi », il enferme la personne malade dans *son* interprétation des événements et ce n'est pas forcément la vérité, ni ce que croit la personne malade. Et là, non seulement il empêche celle-ci de penser par elle-même, mais cette affirmation – qui n'engage que lui – est très culpabilisante car elle insinue que cette personne est directement responsable de son mal : non seulement elle est malade, mais, en plus, c'est sa faute, elle l'a bien mérité ! Voilà de quoi lui remonter le moral... Cela ne veut pas dire qu'il n'y ait pas des causes psychiques à l'apparition du cancer : il en existe manifestement, mais cela ne sert à rien d'imposer au malade une interprétation qui peut lui faire plus de mal que de bien. C'est prendre un grand risque que de vouloir « faire le psy » avec quelqu'un qu'on accompagne dans la maladie : non seulement on ne respecte pas cette personne, mais de tels propos peuvent même être insupportables pour elle. La personne n'a pas besoin d'être sous le joug de l'interprétation des autres, cela ne l'aide pas. Christophe me dit que le seul sens qui importe, concernant l'origine de la maladie, est celui que lui attribue le patient lui-même, dans la mesure où il ne s'enferme pas dans une explication trop culpabilisante.

Seulement moi, à l'époque, je cherche une explication. Je demande des comptes. J'interroge les copines de maman. Évidemment, mon père ne partage pas mon analyse, qu'il juge délirante. Les amies sont sceptiques. Et moi je m'entête !

*
**

Les mois continuent de défiler, tristes, vides, sans relief. Je pourrais bien devenir une candidate idéale pour une bonne dépression, mais je sens toujours en moi cette curieuse alternance qui me fait passer de l'obscurité de la souffrance à l'espoir d'une ouverture. Un jour rien ne va plus, un autre jour ça va... C'est épuisant et dérangeant. Je sais aujourd'hui, grâce à Christophe, que c'était la logique de mon deuil que de me faire traverser ces territoires intérieurs jusque-là inconnus. Ce que je ressentais était la dynamique même du deuil ; on l'appelle la « théorie de l'oscillation ». On ne peut pas mieux dire !

Au fil des mois, je ressens aussi que mon lien avec ma mère est en train de se modifier. Non pas dans le sens de l'oubli, mais dans le sens d'un enracinement progressif de sa présence en moi. Comme si elle m'habitait. Comme si elle était sur le point de trouver sa juste place dans mon cœur, sans pour autant faire obstacle à ce que je vis au quotidien.

Les jours où ça va mieux, je parviens à redresser la tête. Je pourrais me laisser facilement gagner par l'aigreur et le ressentiment, mais je m'y refuse. Je n'ai pas les moyens de me laisser aller, ni le temps d'ailleurs. Je comprends très vite qu'il est urgent pour moi de partir, et de gagner ma vie afin de me donner les moyens de la vivre comme je l'entends. Je veux me passionner, m'éclater, m'investir, faire la différence en donnant le meilleur de moi-même. Un grand degré d'exigence déjà : je veux que ma mère puisse être fière de moi. Et je vais me rendre compte, au fil des ans, que je ne me pardonnerai pas grand-chose, que je placerai la barre très haut, pour être digne de cette fierté.

*
**

Avec le temps et la maturation intérieure, je peux, de plus en plus, réintégrer ma vie d'étudiante. Je rencontre une nouvelle bande de copains. Ils sont gais, actifs, pleins de projets, cultivés, drôles. Je me sens bien avec eux. Je sens que je peux commencer à souffler. Parmi eux il y a deux garçons formidables qui me plaisent énormément. Le premier est élégant, très british, doté d'un humour au troisième degré. C'est un fou d'opéra. Il est landais, fait des études de serbo-croate et ne pense qu'à parcourir le monde. Il tombe amoureux de moi, et moi de lui, autant que je le peux. Je le trouve délicieux, mais je ne suis pas prête à ouvrir mon cœur. Je suis encore meurtrie, j'ai du mal à m'abandonner, comme si j'avais peur d'aimer à nouveau... Il m'entoure, me rassure et me protège comme il peut, mais je vois bien qu'il est souvent démuni devant l'ampleur de mon chagrin. Il s'accroche, patient et compréhensif.

Le deuxième garçon est original, très séducteur, audacieux, donc dangereux. Nous sommes d'abord copains, et puis insidieusement la relation évolue, malgré la morale et les interdits. Je connais bien ce scénario ; c'est celui d'un de mes films préférés : *César et Rosalie.* Une femme entre deux hommes, un amour impossible mais pourtant authentique entre les trois... Seulement j'ai besoin de vivre et, sans trop réfléchir, je me lance à fond dans une histoire qui tournera bientôt au fiasco total ! Tout le monde se fâchera, sauf les deux garçons rivaux qui deviendront les meilleurs amis du monde. Comme César et David. En attendant, cette expérience m'enrichit et je ne regrette pas, pour cette raison, de l'avoir vécue.

Incidemment, il se trouve que mon séducteur est... journaliste. Il travaille à la radio et il en vit ! Il part en reportage, fait des directs... Quelque chose s'éveille en moi. Je l'écoute, je l'interroge. Je n'en perds pas une miette. Il me propose de l'accompagner, je ne me fais pas prier ! Tout ce que je découvre avec lui me passionne. Et si c'était ça, la voie de mon avenir ? Je suis curieuse, fonceuse, je n'hésite pas à prendre des risques, je suis tenace. Alors pourquoi pas ? Mon amoureux me pousse à constituer un dossier pour m'inscrire à l'année spéciale de l'IUT[1] de journalisme, à Bordeaux. Il me donne des conseils pour rédiger la lettre de motivation mais je n'ai pas beaucoup d'espoir au regard du peu de places disponibles et du nombre impressionnant de demandes : sept cents pour soixante-dix places...

Pour intégrer cette formation accélérée, il faut réussir un concours d'entrée. Dans un premier temps, mon dossier est retenu, puis je suis sélectionnée pour passer l'examen : épreuves écrites et orales, devant un jury redoutable. Signe du destin, le jour de l'écrit, je retrouve Marianne, la fille de mon institutrice décédée, et j'apprends qu'elle a suivi le même cursus universitaire que moi. Nous unissons nos forces. Surprises et heureuses de ces retrouvailles, nous ne nous quittons plus, persuadées qu'il n'y a pas de hasard et que nos mères,

1. Institut universitaire de technologie.

perchées sur leur nuage, veillent sur nous. Nous sommes ensemble le jour de la publication des résultats et saluons notre réussite par des cris hystériques : nous sommes admises toutes les deux ! Double victoire, à ce fichu concours et aussi sur un sort vachard, qui s'est vraiment acharné sur nous deux. Mon père est à la fois fier et inquiet : « Mais il n'y a pas de débouchés dans cette voie-là ! » Peu importe, j'essaie. Je sais qu'il y a un stage rémunéré dans une entreprise de presse à l'issue de la formation. À moi de m'imposer en faisant la différence.

Je décide de foncer. C'est vraiment étrange de pouvoir se lancer ainsi dans un nouveau projet de vie alors qu'à un autre niveau je continue de pleurer la disparition de ma mère. Quelque chose a changé pourtant : la peine, bien que toujours présente, ne m'empêche plus d'avancer. Elle se rappelle parfois violemment à moi, au détour d'une pensée ou quand je me retrouve seule, mais je sens son étau se desserrer au fil du temps... Quel soulagement ! Je sais aussi que les choix que je suis en train de faire seraient des choix que maman approuverait sans réserve. Je parviens même à occulter les problèmes domestiques et familiaux. Je devine son sourire à me voir ainsi embrasser mon avenir...

De fait, je découvre vraiment un univers qui me transporte. L'année d'études est dense et exigeante. Il faut s'accrocher. Je m'initie à la fois au journalisme écrit, à la radio, à la télé, aux reportages. Marianne, mon amie, montre d'excellentes dispositions pour l'écrit. Pour ma part, je suis vite conquise par la caméra. Je présente les journaux télévisés de l'école et les émissions que nous élaborons. Tout cela me plaît énormément ! Pourtant je me sens fragile et inexpérimentée face à des étudiants qui ont déjà une expérience de ce métier, et sont donc plus mûrs et plus aguerris. Mais j'apprends.

À l'époque, Christine Ockrent est la reine et elle nous donne envie, à nous, les filles, d'oser... Je décide alors de lui consacrer mon mémoire de fin d'études et me démène pour rencontrer tous les professionnels qui l'ont côtoyée, de Pierre Desgraupes à Philippe Gildas en passant par Jean-Claude Héberlé et Claude Carré. Ce dernier, très paternel, prendra le temps de me convier tout un après-midi à son côté alors qu'il dirige la rédaction d'Antenne 2. J'hume avec délices l'ambiance de ce métier pendant la préparation du journal télévisé. Et je m'attelle à mon mémoire. J'en ai pris, des trains de nuit, pour rejoindre Christine à l'autre bout de la France ! Elle est très occupée, pas toujours disponible, pas toujours très chaleureuse... Mais elle est très sollicitée, et je lui pardonne. Surtout, je suis récompensée de mes efforts par un superbe 18 sur 20 octroyé à mon mémoire ! Mes profs ne se sont pourtant pas privés de montrer leur scepticisme quant à ma capacité à solliciter toutes ces personnalités et à mener à bien ces nombreuses interviews. Mais j'y suis parvenue... Je marque incontestablement des points sur cette opération.

À la maison, je suis intarissable auprès de mes grands-parents. Je leur fais partager mes nouvelles aventures et les assomme d'anecdotes en tout genre. Ils écoutent, patients, probablement heureux de me voir retrouver goût à la vie, mais quand même, je les saoule !

L'année passe vite. Vient l'échéance tant redoutée de la distribution des stages de fin d'études. Certains sont plus convoités que d'autres : la presse écrite, les journaux régionaux ou nationaux, les quotidiens, les hebdos, les radios nationales, régionales ou locales. Et les télés... Nous nous doutons bien que ce premier stage est déterminant pour l'avenir. Nous sommes à la merci de la délibération des profs. Ils choisissent, évaluent nos capacités. Toujours optimiste, j'estime n'avoir aucune chance de décrocher celui qui me plairait le plus : un stage à Antenne 2 ou bien à TF1. Imaginez : deux mois dans le service d'une rédaction ! Il y a évidemment des étudiants bien meilleurs que moi, beaucoup plus mûrs, qui y postulent. J'attends et ose à peine espérer une station régionale de FR3... Finalement, la décision tombe : je suis pressentie pour passer les mois de juillet et d'août 1986 à la rédaction d'Antenne 2, au service société. Je suis ahurie. Moi ? Mais ils sont devenus fous ! Je n'en reviens pas et me précipite aussitôt dans le bureau de la directrice. Je veux qu'elle m'explique, j'en viens même à trouver ce choix injuste par rapport à ceux que je juge plus expérimentés que moi...

Elle s'amuse de ma réaction et me fait asseoir en face d'elle.

– Ton adaptabilité, Sophie... m'explique-t-elle. Nous t'avons choisie pour ta capacité d'adaptabilité.

D'adaptabilité ? Qu'est-ce qu'elle me raconte ?

– Tu nous as démontré, cette année, que tu étais capable de t'adapter à n'importe quelle situation. Tu peux être à la fois souple et faire preuve de personnalité. Tu sais affronter les autres, tu ne fuis pas les obstacles et tu sais les surmonter.

Je suis scotchée. La plupart des étudiants exultent en recevant leur proposition, moi je suis abasourdie. Il me faudra quelques minutes pour réaliser que je vais quitter cette vie, que je vais avoir la chance d'évoluer, de me former, d'apprendre au contact des meilleurs : Bernard Rapp, Hervé Brusini, Dominique Tierce, Claude Sérillon... des noms mythiques pour l'apprentie journaliste que je suis.

Et puis je vais partir à Paris... La ville de mes rêves d'adolescente : Saint-Germain-des-Prés, Sartre, Beauvoir, Signoret, Montand, le café de Flore, la brasserie Lipp, le caveau de la Huchette, autant de noms et d'images qui m'enchantent l'esprit. Cette ville que j'ai arpentée de long en large à chacune de mes visites, je vais y travailler ! Je vais peut-être même m'y établir et y construire ma vie, car j'ai bien conscience que *c'est là que ça se passe* dans mon futur métier. Tout au fond de moi, je me murmure que je vais m'éloigner du malheur. Je vais inventer mon avenir. Quelle histoire ! J'ai du mal à y croire...

Néanmoins, je ne fais pas trop la maligne auprès de mes copains. Ils sont plus ou moins contents de leur sort. Marianne part dans une antenne régionale de FR3. Vincent Parizot, déjà excellent, obtient Europe 1, où il fera tout de suite son trou. Le seul endroit où je m'autorise à la ramener juste un peu, c'est à la maison, auprès de mon père qui, comme d'habitude, cache extrêmement bien sa fierté.

*
**

Après la joie, c'est le temps du doute. Paris, certes... mais je vais quitter mes racines ! Je vais laisser mes grands-parents, abandonner mon frère, alors que notre blessure est encore si vive. Les questions se bousculent dans ma tête. Où vais-je habiter ? Serai-je à la hauteur ? Vais-je tenir le coup ? Je pense aussitôt à ma mère. Comme j'aimerais pouvoir partager cet instant avec elle, pour qu'elle me rassure et me donne ses conseils ! Je réalise que je suis désormais seule à tout décider. C'est lourd, cela me rend triste au milieu de ma joie. Je peux encore, souvent même, m'effondrer. Mais je réalise aussi que, depuis longtemps, il ne m'est rien arrivé d'aussi positif.

Adaptabilité... C'est ce qu'on m'a dit. C'est pour cela que j'ai été choisie. Je comprends que ces mois de douleur, vides de sens au moment où je les vivais, n'ont pas été aussi vains et stériles que je le croyais. Adaptabilité... Serait-ce le fruit de cette traversée du désert ? J'ai affronté le pire que puisse vivre un adolescent et je n'ai pas eu d'autre choix que de compter sur moi pour reconstruire mes fondations. J'ai tâtonné, j'ai commis une foule d'erreurs, mais cela m'a certainement permis de grandir. Aurais-je été choisie si ma mère était encore en vie, si je ne l'avais pas perdue, cette perte me contraignant à faire mes propres choix ? Aurais-je eu l'incroyable opportunité qui m'est offerte aujourd'hui ? Je ne le crois pas.

Ainsi, si cette adaptabilité est son héritage, je me dois de l'honorer. En dépit de mes doutes, je sens, je sais que je n'ai pas le droit de me dérober. Surgit alors en moi, pour la première fois, l'idée de devoir faire face pour elle. Elle est partie trop jeune, elle n'a peut-être pas eu la chance ou l'occasion d'aller au bout de ses capacités. Je décide aujourd'hui que moi, j'irai au bout de mes rêves. Elle m'en donnera la force. Son départ prématuré, cruel, injuste, servira au moins à cela. Après tout, pourquoi ne pas m'appuyer sur cette douleur pour en tirer quelque chose de constructif ? Ne serait-ce pas là un bon moyen d'éviter l'aigreur ou l'amertume ? Ma mère est encore là, le lien existe à tout jamais puisqu'elle vit en moi et qu'elle me transmet sa force.

Je me prépare à sauter dans le vide.

– 7 –

Juillet 1986

Paris...

Pendant six mois, je ne touche pas le sol ! Les expériences journalistiques dans la capitale et en province se succèdent à un rythme effréné. J'apprends tout ce qu'il m'est possible d'apprendre. Je deviens boulimique ! Le frère d'une amie a la grande gentillesse de m'héberger, le temps de mon stage, rue du Cherche-Midi, un quartier mythique du VIe arrondissement. En véritable gentleman, il m'a offert son lit... sans jamais tenter de le partager ! Que pouvais-je espérer de mieux ? Qu'il en soit encore remercié aujourd'hui, je lui dois beaucoup ! Cet endroit de la rive gauche, j'en avais toujours rêvé. Une bonne étoile se serait-elle allumée dans le ciel ? Mes copains et mes grands-parents veillent au grain. Ils sont à l'affût et guettent mon nom, en bas de l'écran, lorsque je signe modestement un reportage sur Antenne 2 ou FR3, après un remplacement de deux mois.

Mais la vie est chère à Paris et, en tant que pigiste, je ne dispose pas de revenus suffisants pour pouvoir louer un appartement. Dans l'espoir de trouver les moyens de rester dans la capitale à l'issue de mon stage, je laisse donc traîner des curriculum vitae un peu partout.

C'est alors que s'annonce un des premiers tournants de ma carrière télévisuelle.

Quelques mois plus tard, un jour de février 1987, j'apprends qu'un casting est organisé pour remplacer Brigitte Simonetta à la présentation de la météo, sur Antenne 2. On me propose de tenter ma chance. Jusque-là, la météo ne fait pas vraiment partie de mes plans de carrière (mais ai-je véritablement un plan de carrière ?). J'accepte décontractée, le cœur léger, car je n'y mets pas d'enjeu particulier. Évidemment, nous sommes nombreux à postuler à ce poste plutôt convoité. Je passe la première car j'ai, juste après, un reportage à réaliser pour le journal. L'exercice m'amuse et, bizarrement, ne m'effraie pas. Je repars sans états d'âme et sans même m'intéresser aux candidats suivants. Je suis tellement certaine de ne pas être prise... Lourde erreur ! Brigitte me rappelle le soir même et m'annonce que je suis retenue. Les bras m'en tombent. Il est prévu que je démarre dans l'émission « Télématin », auprès de Roger Zabel, dans moins de trois semaines. Brigitte veut une réponse pour le lendemain. Panique à bord ! Et gros cas de conscience : il s'agit d'un boulot régulier, à l'antenne, avec un revenu fixe et une chance de me faire un nom. Ça, c'est la colonne des plus. Les moins maintenant... Bon, ce n'est « que » la météo, alors que je me voyais déjà en haut de l'affiche – carrément ! –, à présenter un journal télévisé ou à bourlinguer en grand reporter, à l'autre bout du monde. Un passage à la météo ne risque-t-il pas de me desservir par rapport à ces objectifs ? En France, je le sais, on n'aime pas le mélange des genres. Ne vais-je pas perdre tout mon acquis, en faisant ce choix ? Saper les promesses d'une sortie dans les premiers de ma promotion journalistique à l'IUT ?

J'ai besoin de consulter mes proches et de prendre leur avis. Mon père, de façon prévisible, penche pour la sécurité et me pousse à accepter. La perspective que je trouve aussi vite un vrai boulot mensualisé le rassure, évidemment. Mes profs hésitent. Finalement, ils estiment qu'on ne peut pas refuser une telle occasion de travailler au cœur du système. Ils me disent que j'évoluerai et que ce sera à moi de saisir ma chance. Brigitte Simonetta a bien arrêté la météo pour présenter le journal de 13 heures. Laurent Boussier est bien devenu grand reporter. Alain Gillot-Pétré, lui, a fait le chemin inverse. Il a commencé en étant journaliste littéraire et éditorialiste à *Libération*. Mais il adorait les ouragans... Si j'accepte cette proposition, ce sera à moi de prouver que j'ai du talent.

J'aimerais tant que ma mère me donne son avis ! Mais encore une fois, je ne peux m'empêcher de me demander si, maman toujours vivante, j'aurais eu la possibilité – ou même l'idée – de choisir cette voie-là. Aurais-je vraiment eu autant d'audace et de combativité ? Aurais-je pris le temps d'attendre exactement ce qui pouvait être à la hauteur de mes rêves ? Mystère...

Alors oui, finalement, je décide d'y aller. Je me sens désirée : c'est bien sûr flatteur et agréable. Je n'ai aucune raison de refuser. J'enfouis mes doutes et mes interrogations au plus profond de moi-même et j'accepte, dès le lendemain, la proposition de François Ponchelet et de Daniel Patte qui sont respectivement, à l'époque, rédacteur en chef et producteur de « Télématin ». Je suis à l'antenne dès le mois d'avril 1987 et trouve rapidement un appartement dans le XIe arrondissement. Ma vie parisienne s'organise et change radicalement. Je suis stupéfaite de l'impact immédiat de cette présentation du bulletin météo ! J'accède, très vite, à une notoriété inattendue. Cela a ses inconvénients, certes, car il m'est moins facile de faire mes courses incognito, mais il y a aussi quelques avantages non négligeables : des invitations sympas, des traitements de faveur en maintes circonstances, une position enviée au sein de la chaîne... Eh bien oui : je présente la météo et j'assume mon choix avec un immense plaisir ! Je deviens vite la complice espiègle de Roger Zabel qui a la grande gentillesse de me mettre formidablement en valeur. Grâce à la météo, le succès, la popularité et la médiatisation sont immédiats. Je suis soudain connue. D'ailleurs, mon père se plaint, avec un peu d'humour et un soupçon de jalousie, de n'être plus considéré que comme « le père de Sophie Davant », et non plus comme le biologiste de renom qu'il est ! Mes grands-parents, eux, sont remplis de fierté et ne ratent pour rien au monde la moindre de mes apparitions. Je suis heureuse de leur offrir cette joie simple.

Je savoure ces premières années de télévision sans trop me poser de questions. J'éprouve vraiment du plaisir en compagnie de cette équipe du matin. Elle est rassurante, sympathique, conviviale, presque familiale. À 9 heures, nous partageons une entrecôte-frites dans un bistrot auvergnat à proximité des studios. Les plaisanteries fusent. Les confidences vont bon train. Les ragots s'invitent dans les discussions. Le rire, les blagues de potaches : la futilité, enfin ! J'ai l'impression de rattraper, en quelques mois, des années de frustrations dans ce domaine. Après tout, pourquoi n'aurais-je pas droit, moi aussi, à un peu de légèreté ? Je vis ces premières années presque comme une récréation, avec néanmoins le sentiment, au fond de moi, de ne m'être pas tout à fait révélée jusqu'à maintenant et de n'avoir montré qu'une infime partie de celle que je suis véritablement. Certes, j'ai l'air d'une jeune femme gaie, rieuse, presque insouciante, avec un vrai grain de folie, sportive, épicurienne. C'est vrai, et ce sont autant de facettes de ma personnalité que je revendique encore aujourd'hui ! Mais ce que je garde à l'intérieur ne semble pas encore pouvoir s'exprimer. Un devoir d'exigence vis-à-vis de moi-même, vis-à-vis des autres, un souci de perfection, de profondeur dans la manière d'aborder les choses quelles qu'elles soient, comme si j'avais des comptes à rendre à celle qui n'a pas eu la chance de survivre, ma mère. Très vite, je comprends que la notoriété n'est pas une fin en soi. Je n'en ai pas besoin. Si elle me nourrit, au sens propre, je reste sur ma faim sur le plan intellectuel. Rapidement il m'apparaîtra plus enrichissant de poursuivre l'objectif d'être « reconnue », plutôt que celui d'être « connue ».

Néanmoins, les émissions s'enchaînent et me réjouissent ; j'ai, à chaque fois, pleinement conscience de la chance qui m'est donnée de les présenter. Même si ce n'est pas du journalisme « pur et dur ».

Au fil du temps, les propositions se succèdent. Je les accepte et repense à cette fameuse adaptabilité chère à mes profs de l'IUT : je comprends mieux ce qu'ils voulaient dire. Ils n'avaient pas tort, apparemment... Je me retrouve ainsi, parallèlement à la météo, à présenter « Fort Boyard » et « La Piste de Xapatan », un jeu d'aventure avant-gardiste, un programme à l'autre bout du monde. Rapidement, on me propose également de remplacer Roger Zabel aux commandes de « Télématin », pendant les vacances... Je multiplie les expériences. Très différentes les unes des autres, elles m'enrichissent, m'apprennent un métier et surtout me permettent de définir ce que je ne veux plus faire ! En effet, je réaliserai assez vite que les jeux et les divertissements ne me correspondent pas vraiment.

Ainsi, au fil du temps, je grandis, je mûris. Je suis apparemment ludique et souriante, mais derrière, dans les coulisses de mon esprit, je reste hantée par les souvenirs douloureux. En dépit de la lumière des plateaux de télé, la tristesse habite mon cœur et le manque de ma mère est bien là, tapi dans l'ombre, à l'orée de mes pensées.

J'ai besoin de garder le lien avec mes racines. Je retourne à Bordeaux une fois par mois, pour voir mon frère. À chaque visite, je suis de plus en plus rassurée sur son compte. Il travaille, il partage sa vie avec une jeune femme charmante dont il semble amoureux. Il m'impressionne, ce garçon. Je le trouve formidablement mûr et responsable. Je suis fière de lui et, malgré nos quatre ans d'écart, je m'estime parfois beaucoup plus immature que lui, notamment dans mes délires professionnels parisiens ! Aujourd'hui il est marié, et père de deux garçons adorables, Jules et Léo.

Les rapports avec mon père ne sont pas toujours simples. Il n'est plus seul, je m'en réjouis. Mais il commet un certain nombre de maladresses pour tenter d'imposer ses nouveaux choix de vie. Ses errances nous perturbent, mon frère et moi.

Je m'inquiète aussi pour mes grands-parents maternels. Malgré ma « présence » à l'antenne, je ne suis plus là au quotidien pour prendre soin d'eux, pour leur manifester mon amour et les délivrer de leur tristesse. Je culpabilise car je mesure leur solitude et leur isolement. J'imagine les longues heures dominées par les idées noires et le souvenir de l'inacceptable. Moi, j'ai la chance d'avoir vingt-cinq ans, de vivre une aventure exceptionnelle et de me griser de perspectives réjouissantes. Pas eux ! Alors je me fais un devoir de leur faire partager mes joies, mes petits bonheurs, pour qu'ils y puisent la force de s'accrocher à la vie. Je leur raconte tout, dans les moindres détails... enfin, ce qui reste avouable ! Je suis intarissable. J'ai besoin de leur regard, de leurs conseils, et de recevoir leur amour, tout simplement. Mutuellement, nous tentons désespérément de combler le manque engendré par l'absence de ma mère.

*
**

La vie parisienne est aussi le temps des nouvelles expériences affectives. Durant ces premières années, j'ai la spécialité de me fourvoyer dans des histoires absolument impossibles ! Et de préférence, passionnelles ! Tout d'abord le grand bonheur, puis la grande souffrance, les affres de la dépendance et de la jalousie, les excès. Envie de me mettre en danger, alors que j'ai tant besoin de stabilité ? En tout cas, rien de bien équilibrant alors que je me sens encore si vulnérable. De quoi raviver les larmes...

Face aux déboires à répétition, je me demande parfois si je ne fais pas ces choix douloureux pour me punir de vivre... Quelle culpabilité rend nécessaires à mes yeux ces absurdes égarements ? Je l'ignore mais je mettrai des années à accepter de me faire du bien, de me respecter, de croire en moi... et c'est un combat encore à l'ordre du jour ! À moins qu'au contraire, cette recherche de folie et d'imprévus soit tout simplement un moyen de me prouver que je suis bien vivante ? Je serai toujours partagée, et le suis encore aujourd'hui, entre une recherche de calme, de responsabilité, de sérénité, et un goût réel pour une certaine légèreté et une dose de fantaisie dans mes choix et mes rapports avec les autres, ce qui, selon mes amis, constitue mon originalité ! La stabilité, probablement en réponse au drame, la fantaisie, probablement pour le plaisir de vivre...

Finalement, l'apaisement viendra de ma rencontre avec Pierre. J'ai vingt-huit ans, lui trente-deux. Lui aussi a subi quelques déconvenues amoureuses. Lui aussi en a assez de la passion destructrice. Nous sommes différents, mais complémentaires : il est aussi sûr de lui que je doute de moi ; il est plutôt optimiste, alors que, depuis quelque temps, je ne vois souvent que l'aspect négatif des situations. Ce garçon est solide. Il me rassure. C'est un fonceur. Il a toujours un projet d'avance ! Il aime le sport, la musique, le cinéma, la gastronomie, autant de goûts que nous partageons. Et, cerise sur le gâteau, il fait le même métier que moi ! Il y a comme quelque chose d'évident entre nous et nous nous trouvons toutes les raisons « objectives » d'envisager de passer quelques années ensemble : la même envie de fuir nos démons, le même désir de construire une famille... Quand il me demande en mariage, trois mois à peine après notre première rencontre, « oui » est la réponse la plus logique qui me vient à l'esprit. Mais je ne pensais pas que cela durerait encore aujourd'hui, dix-huit ans plus tard...

Au début de notre histoire, Pierre est d'abord surpris par les torrents de larmes qui déferlent sur moi certaines nuits. Il se sent impuissant et tente ce qu'il peut pour me réconforter. Progressivement, par la force de son amour et de son affection, les crises de larmes s'espacent et finissent par disparaître. J'y vois le signe que notre relation se construit sur des bases solides.

Mais l'ultime apaisement se produit en moi quand je deviens mère, à mon tour, deux ans après notre mariage. J'ai alors trente ans et, le 24 juillet 1993, je donne la vie à Nicolas. C'est un garçon : Pierre est comblé ! Il assiste à l'accouchement. L'émotion nous submerge quand notre fils apparaît, dodu, tout rose, blond, les traits fins. Un adorable bébé. Le bébé de nos rêves. Il pousse un grand cri, nous rassurant ainsi sur sa vigueur de futur mâle ! D'une seconde à l'autre, nous devenons trois, et Pierre et moi nous sentons à jamais liés par ce petit être. Il tient bien peu de place sur ma poitrine, mais il envahit déjà nos existences de son incroyable présence. Les sages-femmes l'emportent quelques instants pour le nettoyer, le peser et lui prodiguer les premiers soins, et puis elles l'installent à côté de moi, dans une couveuse. Nous nous retrouvons seuls, tous les trois. Notre Nicolas, calme et silencieux, nous observe de ses grands yeux. Il découvre, ahuri, le monde qui l'entoure et semble absolument affligé par la tête de ses parents ! Ce moment est si intense... Nous sommes bouleversés. Je me sens mère immédiatement, instinctivement, charnellement. J'écoute d'une oreille distraite les conseils de la sage-femme, mais il me semble que je saurai me débrouiller seule. Je n'ai aucune appréhension, je saurai m'occuper de mon fils. Certaines femmes disent qu'elles ont mis du temps à accepter leur maternité. Ce n'est vraiment pas mon cas, et cela me rassure. Néanmoins, il y a une ombre à ce merveilleux tableau : je suis certes très heureuse d'être mère et de sentir mon petit tout contre moi, j'éprouve déjà pour lui un amour inconditionnel, mais, en même temps, une insidieuse tristesse s'infiltre en moi et l'absence, à nouveau, me serre le cœur... Je ne peux pas partager ce grand bonheur avec ma propre maman. Il manque ce maillon essentiel dans la grande chaîne qui relie une génération à une autre. Elle aurait adoré ce bébé, elle m'aurait fait part de son vécu, de son expérience... Malgré les visites qui sont très nombreuses, je me sens seule sans elle.

J'ai heureusement la chance d'avoir une belle-mère formidable qui fait preuve d'intelligence et d'une grande finesse en ce moment si délicat. Discrète, elle se met à ma disposition pour gérer l'intendance et la logistique qu'implique l'arrivée d'un bébé. Elle s'interdit le moindre commentaire sur mes choix de mère et respecte, sans conflit, la manière dont je m'occupe de lui. Je lui serai toujours reconnaissante de ne pas avoir cherché à s'imposer dans un rôle de substitution.

Mais en dépit de cette indéniable affection, j'éprouve longtemps un manque terrible. C'est certain : j'envie la complicité des relations mères-filles dans ces instants si uniques et si particuliers. En même temps, et ceci peut-être pour la première fois, j'ai vraiment le sentiment de n'être plus une petite orpheline : j'ai définitivement basculé dans le monde des adultes. Être mère à mon tour commence à cautériser la plaie de la souffrance, jusque-là toujours béante. Je me sens plus forte. Je donne de l'amour sans compter et j'en reçois de mon petit bonhomme. Cela me comble et m'apaise.

Paradoxalement, la solitude filiale que j'éprouve face à l'expérience de la maternité m'offre une liberté que je me surprends à savourer. J'agis à l'instinct, personne ne me dit ce que je dois faire, je suis libre de mes choix d'éducation et de mes méthodes, tout ceci, bien sûr, en accord avec Pierre. En fait, c'est assez jouissif ! Quoi qu'il arrive, nous nous sentons rarement démunis, mais quand c'est le cas, nous nous contentons d'interroger un pédiatre, en dernier recours. Si maman était là, évidemment je décrocherais le téléphone... Mais cette autonomie ne me convient pas si mal finalement, et ma facilité à appréhender cette nouvelle condition de mère m'étonne. Je n'éprouve même pas le besoin de me plonger dans les manuels d'éducation, préférant me fier à mon intuition pour trouver mes propres réponses face aux situations qui se présentent à moi. Quel étrange paradoxe de souffrir du manque de ma mère, exacerbé par la naissance de mon fils, et de jouir d'une certaine forme d'indépendance qui est justement la conséquence de cette absence ! Mes copines me racontent les conflits qui les opposent parfois à leur mère au sujet de l'éducation de leurs enfants. Je me dis qu'au moins, je ne connaîtrai pas ce type de déconvenues. Je profite ainsi de mon fils et lui consacre énormément de temps, d'énergie et de câlins.

Valentine pousse son premier cri deux ans et demi plus tard, le 27 novembre 1995. Une fille, cette fois ! Tout comme son frère, elle reçoit un flot d'amour. Je regarde grandir ces deux petits êtres. J'adore leur prime enfance. Je me régale avec eux, enchaînant les bisous, les jeux et les activités multiples. Par chance, le frère et la sœur s'entendent bien : ils sont très complices, très proches. Nous veillons à ce qu'ils ne soient pas jaloux l'un de l'autre, en mettant en valeur chacune de leur personnalité, en leur accordant autant d'attention à l'un qu'à l'autre. Et nous tenons, à chaque instant, à leur démontrer qu'ils sont, à tout jamais, notre priorité.

Aujourd'hui, ils sont adolescents : Nicolas a quinze ans et Valentine treize. Notre relation a forcément évolué. Avec amusement, je retrouve parfois ma mère dans ma manière d'être et dans mon approche des choses avec mes enfants : tout comme elle, je suis rigoureuse, exigeante sur certaines valeurs comme le goût du travail, par exemple, ou encore la politesse et le respect d'autrui. Je suis d'ailleurs étonnée par la force et la qualité de tout ce qu'elle m'a transmis en si peu de temps, avant son départ. Pour autant, je m'attache à ne pas reproduire exactement le même schéma : je pense être plus accessible qu'elle ne l'était avec moi, plus copine, plus légère. L'époque n'est certes pas la même ! Alors, les discussions se succèdent, sans tabous. Je fais face, je réagis, j'argumente, j'interdis, j'autorise, j'essaie de fixer un cadre. Je les fais beaucoup rire aussi, grâce à cette fameuse fantaisie et ma dose de folie. L'autorité est partagée et je sais que je peux compter sur Pierre : il assume pleinement son rôle. Mais, par-dessus tout, je veille à ne leur transmettre aucune de mes frustrations, si tant est que j'en aie. J'ai moi-même trop souffert de la perception négative des déceptions de ma mère. J'ai à cœur alors de me faire plaisir, de m'épanouir du mieux que je peux et de me réaliser, car je sais que c'est cela aussi que je transmets à mes enfants : la gaieté, le bonheur d'exister.

Je m'interroge souvent sur ce qu'ils vivent, eux, à nos côtés. J'ai conscience qu'il peut être écrasant, voire inhibant, d'être le fils ou la fille d'une mère et d'un père « connus » ! Ils sont sans cesse confrontés à notre image publique, ce qui est loin d'être évident, au regard de tous les commentaires négatifs, les jalousies, les jugements fallacieux qui en découlent. Parviendront-ils à exister pour eux-mêmes, par eux-mêmes, en s'affranchissant à leur tour ? Pour eux, la barre est certainement haute professionnellement car ils voient leurs parents jouir d'une position privilégiée, source de tant de gratifications personnelles. Comment les aider à faire des choix, sans que ceux-ci soient déterminés par ce que nous sommes, nous ? Je pense aux choix que j'ai faits après le décès de ma mère. Faut-il pour autant disparaître afin qu'ils puissent se réaliser ?

J'ai eu l'intuition de cette difficulté quand mes enfants sont nés, mais la prise de conscience d'une liberté nouvelle dans mon existence s'est confirmée au fil du temps. Ce qui est très troublant, comme je l'ai déjà noté, c'est que cette liberté soit en lien si direct avec la disparition de maman. J'entends parfois des personnes manifester de la terreur à l'idée de la mort... de leurs parents. Je connais cette peur, elle m'envahissait quand j'étais adolescente. Combien de fois me suis-je convaincue que je ne pourrais pas survivre à la mort de ma mère ! Je crois avoir compris, maintenant, de quoi il s'agissait... Quand je disais que j'avais peur de la mort de ma mère et que je craignais de ne pas pouvoir vivre sans sa présence protectrice, en fait je restais enfant, comme si quelque chose en moi avait peur de grandir. Comme si je refusais d'être un jour face à moi-même, sans avoir ma mère pour faire « tampon » par rapport aux événements de ma vie. Ce tampon, ce cocon d'amour me nourrissait et instaurait autour de moi une sécurité dont je m'imaginais ne jamais pouvoir me départir. J'étais protégée, je n'avais pas à prendre de risques... Mais ne faut-il pas, un jour ou l'autre, se libérer du nid maternel ? Le papillon meurt s'il reste dans la gangue de son cocon...

En écrivant ces lignes, je pense aux dessins animés de mon enfance : *Cendrillon*, *Blanche-Neige*, *Bambi*... Qu'est-ce que ces histoires ont en commun ? Elles parlent toutes de la mort de la mère ! Elles racontent toutes le chemin de l'enfant après la disparition de cette personne qui lui assurait protection et amour inconditionnel. En dépit des marâtres et des chasseurs, ces contes nous montrent que l'enfant – ou le petit faon – apprend et croît à la suite de cette épreuve. Il doit se frotter « à la dure » aux choses de la vie et c'est à cette condition qu'il grandit. La peur de la mort du parent serait-elle, très loin au fond de soi, la peur de se libérer d'un amour qui protège, mais qui, en même temps, limite ? La peur de la mort du parent, au-delà de la souffrance de son absence, serait-elle *aussi* la peur de s'affranchir de l'amour maternel pour pouvoir vraiment embrasser sa propre existence ? Et, en allant plus loin : sans avoir besoin d'attendre que son parent meure (!), cette peur serait-elle, en fait, une véritable invitation à choisir de vivre sa vie, en l'assumant, seul(e), pleinement ? Je peux l'affirmer aujourd'hui, sans culpabiliser : sans la mort de ma mère, je ne serais peut-être pas la personne que j'ai été contrainte – et heureuse – de devenir. J'aurais vécu une autre vie. J'aurais sûrement eu moins mal, mais j'aurais probablement été moins autonome, moins libre de mes choix...

Comment gérer, en soi, cet étrange et dérangeant paradoxe entre l'authenticité de la douleur de l'absence et le sentiment d'une liberté nouvelle qui émerge après la mort d'un parent ? Cette mort, bien sûr, je ne l'ai pas souhaitée. Je l'ai tant redoutée, au contraire ! Mais je suis bien obligée de constater aujourd'hui qu'elle m'a ouverte à un espace de liberté que je ne pouvais peut-être pas appréhender auparavant... J'en ai discuté longuement avec Christophe. Et nous sommes arrivés à la conclusion que ce départ prématuré m'a permis de m'affirmer, en me contraignant à aller plus vite à l'essentiel, à rechercher très tôt mes propres atouts et à révéler mes potentiels. Je n'avais pas le choix, de toute façon. À vingt ans, « lâchée » émotionnellement par mon père, partageant avec lui la lourde tâche de prendre soin de mon petit frère, je me suis retrouvée confrontée à une responsabilité vis-à-vis de moi-même : je devais aller chercher en moi des ressources pour faire face à cette situation.

J'ai dû aller plus loin que prévu. Peut-être parce que mes choix ne se faisaient plus sous le regard – inhibant ? encourageant ? ou inquiet ? – de ma mère... C'était une situation angoissante – je n'avais plus de garde-fou – et nourrissante tout à la fois, car j'apprenais à me faire confiance dans ma capacité à prendre soin de moi. Cette quête solitaire a certainement semé en moi les graines de ma liberté à venir. Affranchie de tout regard, si je me trompais dans mes choix je devais en assumer seule les conséquences. Je n'avais pas le temps de ralentir ou de tergiverser : il m'était indispensable de prendre mes responsabilités et de vivre ma vie sans ma mère.

Ainsi, sa mort a été « libératrice », dans le sens où elle m'a obligée à aller tout de suite à l'essentiel. Cela m'a permis de gagner du temps. Qu'on ne s'y trompe pas, il ne s'agit pas ici de se réjouir de la mort d'un parent ! Je ne fais que le simple constat d'une croissance intérieure à la suite de son décès. Est-ce cela, la « résilience » dont parle tant le psychiatre Boris Cyrulnik, cette capacité de chaque être humain à grandir et à tirer quelque chose de positif d'un événement de vie négatif ? Je fais le constat d'une étrange liberté née de l'affranchissement d'un amour qui, certes, me faisait du bien, mais qui, en même temps, pouvait être générateur de barrières intérieures et source de limitations.

Une question s'impose alors : comment aider mes propres enfants à aller dans le sens de cette liberté, à aller à l'essentiel, sans que j'aie à mourir moi-même ? Et si j'insiste sur le mot « essentiel », c'est parce que c'est cela que j'essaie de leur inculquer !

Je passe mon temps à leur faire prendre conscience des raisons qu'ils ont de se réjouir de leur existence. Je leur témoigne tous les jours mon amour, par les mots. Je dialogue souvent avec eux. Je fais en sorte qu'ils aient toujours « envie d'avoir envie », qu'ils soient curieux de la vie, qu'ils ne soient pas blasés, qu'ils gardent toujours la conscience du respect de l'autre, qu'ils aient le goût du travail et de la rigueur. Je me bats pour qu'ils ne tombent pas dans l'illusion de la facilité, et c'est d'autant plus difficile pour eux qu'ils se trouvent dans une position privilégiée. Mais plus que tout, mon message est de les inciter à combattre la frustration. Je leur conseille de se donner les moyens d'avancer par eux-mêmes, en travaillant, et de faire leurs propres choix. Le message est clair : donnez-vous les moyens de vivre à fond votre vie, même sans moi !

– 8 –

Juin 1998

William Leymergie, producteur de « Télématin », et Christine Lentz, à l'époque directrice des magazines sur France 2, sont attablés à la terrasse d'un restaurant cossu du VIIIe arrondissement. Ils m'ont invitée à les rejoindre pour le déjeuner. Alors que je prends place, je les observe. Ils m'apparaissent complices et goguenards, comme s'ils préparaient un mauvais coup...

Je côtoie William au quotidien depuis quelques années maintenant. Plutôt méfiants l'un envers l'autre au début, nous nous sommes découverts, puis appréciés au fil de nos petits déjeuners d'équipe, après l'émission. J'ai même la prétention de croire que je suis alors devenue la petite sœur qu'il n'a jamais eue. Au bout de quelques mois, lui, le pudique qui cloisonne si bien sa vie privée et sa vie professionnelle, m'a ouvert les portes blindées de son cercle familial. Nous avons appris à nous apprécier. Nous partageons la même conception de ce métier. Nous échangeons, critiquons, analysons tout : les gens, les émissions de télé, les professionnels qui les animent, les films que nous voyons, les spectacles auxquels nous assistons. Toujours avec humour, sans nous prendre au sérieux. La relation est vivante et créative. Nous rions beaucoup ensemble et je suis l'une des cibles préférées de son esprit caustique. Il se moque de moi avec délices et je me laisse volontiers malmener, en exerçant mon sens de la repartie. Il est aussi devenu mon confident : je lui fais part de mes envies, de mes doutes, de mes aspirations. Je dépends toujours du service météo que je dirige depuis quelques années, mais je n'ai pas vraiment le goût du pouvoir et je ne suis pas très douée pour gérer les plannings et les ego des uns et des autres ! Je me suis, jusque-là, contentée de présenter mes bulletins pour avoir le temps de m'occuper de mes enfants ; désormais, je me sens prête à relever d'autres défis. Cela dit, j'y pense et puis j'oublie, en me laissant porter par la vague...

Ce jour de juin, donc, je retrouve William et Christine pour déjeuner. Je sens bien qu'ils sont en train de me sonder. Je ne vois pas où ils veulent en venir mais soudain, tout de go, l'info tombe. Ils m'annoncent qu'ils ont décidé de me confier la présentation d'une nouvelle émission matinale que William produira : un programme quotidien d'accompagnement, en direct, à base de chroniques, de reportages, d'infos et d'invités... De quoi combler ma curiosité naturelle et exploiter mes compétences de journaliste. Je n'en crois pas mes oreilles. J'exulte ! C'est *LA* proposition ! Pile au bon moment de ma vie et de ma carrière. Mais ce n'est pas un hasard, j'en suis sûre, William devait ruminer cette idée depuis longtemps. Je suis profondément touchée et reconnaissante. J'accepte sans hésiter. Je me lance alors dans ce nouveau challenge avec ardeur, passion, et conviction. Avec raison d'ailleurs : cette aventure formidable a fêté ses dix ans en 2008 !

Tout n'a pas été facile, bien sûr. L'émission a évolué au fil du temps. J'ai appris à travailler en respectant les recommandations de William. Toute la difficulté a été ensuite de grandir à ses côtés, de m'épanouir en faisant mes propres choix, tout en respectant sa présence, son influence et son autorité. Malgré des hauts et des bas et d'inéluctables périodes de conflits, notre binôme se porte encore remarquablement bien. Nous prenons toujours autant de plaisir à collaborer et à imaginer de nouvelles évolutions. Je dois beaucoup à William. Il m'a inculqué une vraie rigueur déontologique et une élégance certaine dans la pratique de ce métier. « C'est au programme » est une émission profondément en prise avec la vie, elle me correspond tout à fait : nous abordons tous les sujets, nous en parlons sérieusement, avec recul, sans pour autant nous prendre au sérieux. L'expérience aidant, je me surprends de plus en plus à donner libre cours à ma spontanéité. Et je me dévoile souvent beaucoup malgré moi ! Je montre surtout la facette rieuse, énergique et rigolote de ma personnalité, persuadée que les téléspectateurs, à cette heure matinale, viennent aussi chercher de la bonne humeur et une ambiance sympathique pour bien démarrer leur journée. C'est pour moi une politesse – et un immense plaisir – que de les leur offrir sur un plateau.

*
**

L'aventure ne s'arrête pas là, car un autre événement marquant survient quelques mois plus tard, en septembre 1998.

Daniel Patte, encore lui, devient le producteur du « Téléthon », cet ovni télévisuel qui a vu le jour en décembre 1987 sous l'impulsion de deux pères qui refusaient la fatalité devant la maladie génétique dégénérative dont étaient atteints leurs fils : la myopathie de Duchenne. Ces deux parents militaient au sein de l'Association française contre les myopathies (AFM). Notre société, à ce moment-là, ne s'intéressait pas au handicap. La recherche et la médecine ignoraient ces maladies génétiques trop rares et jugées définitivement incurables. Comment alors braquer les projecteurs sur la détresse de ces malades isolés et sur celle de leur famille ? Où et comment trouver l'argent, nerf de la guerre, pour se substituer aux pouvoirs publics et financer un début de solution ? Il y avait urgence : comment agir ? La maladie, elle, n'attend pas. Les enfants, la mort aux trousses, perdent, tous les jours, un peu plus de leur autonomie et de leur liberté de mouvements. C'est une réalité insupportable pour les parents et pour les familles.

Bernard Barateau, à l'époque président de l'AFM, et Pierre Birambeau, son vice-président, décident alors d'unir leur énergie, leur intelligence et leur talent pour répondre à cette dramatique urgence. Ils entendent parler d'une émission télévisée en direct, aux États-Unis, parrainée par Jerry Lewis pour récolter des fonds. Ils se renseignent, y assistent, se livrent à une véritable étude de marché et, de retour en France, montent au créneau et prennent d'assaut le bureau du directeur des programmes d'Antenne 2, chaîne du service public,

Louis Bériot. Ils sont déterminés et convaincants. L'adaptation française de ce programme, jusque-là jamais imaginée, est confiée à un réalisateur, Jean-Pierre Spiero, et à un producteur, Pierre-Henri Arnstam.

Ils conçoivent ensemble trente heures d'émission en direct, le plus long direct du monde : mélange de shows artistiques, d'informations, d'appels aux dons argumentés, d'exploits sportifs et culturels en tout genre, et de liaisons dans toute la France avec plusieurs animateurs de la chaîne. Trois grands professionnels, aux profils très différents, porteront sur leurs épaules ce véritable marathon inédit : Michel Drucker, Gérard Holtz et Claude Sérillon. Aux États-Unis, l'émission est beaucoup plus modeste. Le pari est énorme.

Je travaille à Antenne 2 depuis quelques mois. Et donc, comme tout le monde sur la chaîne, je participe à ce premier Téléthon, en compagnie de toute l'équipe de « Télématin ». Nous faisons un footing matinal de deux heures autour de la Maison de la radio, au cours duquel nous intervenons plusieurs fois en direct pour inciter le public à composer le 3637.

Une fois rentrée chez moi, je regarde l'émission depuis mon lit pendant des heures. Je vois le visage de Claude Sérillon se creuser. Des cernes apparaissent. Les premiers fous rires dus à la fatigue émaillent des propos de plus en plus confus. Je ris. Je pleure. J'éprouve de l'empathie. Je suis émue. Je suis surtout époustouflée par le souffle et la modernité de ce programme exceptionnel, où l'on passe d'une minute à l'autre de la fête au drame le plus absolu. J'admire le travail des animateurs chargés de convaincre et, en tant que professionnelle, je mesure la difficulté de l'exercice. Je suis touchée au plus profond de mon cœur. Je trouve la cause magnifique, les enjeux considérables, et je suis fière d'œuvrer dans une chaîne de télévision qui offre son antenne au profit d'un combat aussi généreux. Journaliste débutante, je me dis que j'adorerais moi aussi, un jour, me frotter à ce genre d'expérience professionnelle... En attendant, je regarde, j'observe et j'apprends. Pour une fois, on appelle à la solidarité et à la générosité. Aujourd'hui ces notions paraissent aller de soi, mais à l'époque elles sont avant-gardistes.

Mon vœu est rapidement exaucé : je suis conviée à prendre part à l'aventure et, depuis, les producteurs de l'émission font appel à moi chaque année. Je suis d'abord envoyée dans des centres de promesses en régions, depuis lesquels j'interviens régulièrement. Avec mes camarades journalistes ou animateurs, nous rendons compte de la mobilisation. Puis, mon tempérament sportif et aventurier aidant, je fais vivre des « fils rouges » en compagnie d'enfants malades, dans des conditions souvent rocambolesques : j'ai descendu le gave de Pau, j'ai fait le tour du mont Blanc avec des équipages de chiens de traîneaux, j'ai accompagné Allain Bougrain-Dubourg au bord du gouffre de Padirac, dans lequel il est descendu avec un enfant au comble de l'émerveillement... Autant d'expériences extraordinaires qui m'ont laissé des souvenirs éblouissants. On est loin de la télévision en studio ! Il faut parer à toutes les éventualités, être prêt à intervenir en direct, sans répétition, toutes les heures, à des endroits différents et souvent plus qu'improbables ! Adaptabilité... Ça me rappelle quelque chose... Le miracle opère à chaque fois, la technique fonctionne : je me retrouve immédiatement en liaison avec Claude Sérillon depuis le sommet du mont Blanc ou sur mon canoë au milieu d'un torrent. Magique ! Mon rôle est de raconter et de faire partager cette expérience hors du commun aux téléspectateurs et je prends d'autant plus de plaisir à relever ces défis qu'à chaque fois, des enfants malades m'accompagnent. Ce sont des souvenirs indélébiles pour eux aussi. J'imagine qu'ils doivent encore aujourd'hui, souvent, y puiser de la force pour combattre leur maladie. Je reviens à chaque fois différente de ces aventures, comblée d'avoir pu être l'un des maillons de cette grande et belle chaîne de solidarité. Au fil du temps, le Téléthon est devenu bien plus qu'une émission de télé. C'est un véritable phénomène de société, facteur de lien social. Les gens s'unissent, se parlent, s'organisent bénévolement partout en France dans un projet commun, pour faire progresser une cause. Cette idée me plaît !

Au bout de dix ans de bons et loyaux services, le trio d'animateurs initial décide de raccrocher. Pour certains, les relations avec l'AFM se sont dégradées. D'autres estiment qu'il est temps de passer le flambeau. Daniel Patte, fraîchement nommé producteur, a pour mission de repenser l'émission, de la renouveler, en en gardant les fondamentaux. À mon immense surprise, il me propose de faire partie de la nouvelle équipe d'animation : Patrick Chêne, Frédéric Mitterrand et Marie-Ange Nardi, le soir à 20 h 50 ; Patrice Laffont, Olivier Minne et moi à Nîmes, toute la journée. Je suis heureuse et flattée. De trois, nous passons à six. Je me dis que le nombre compensera quelques défaillances éventuelles. Et puis, nous nous partageons la journée et les soirées, ce n'est plus vraiment le même marathon. Je repense à mes débuts et à ce jour de décembre 1987, où j'avais tant rêvé devant la prestation admirable de Claude Sérillon. Et je réalise soudain que je vais être là, à sa place. Je prends la mesure de ce qui m'attend ! Et si le compteur des dons ne grimpe pas ? Et si nous n'arrivons pas à argumenter ? La comparaison sera facile à établir : il s'agit d'être à la hauteur de trois monstres d'antenne, qui ont plus d'expérience que nous six réunis !

À l'issue de cette première émission, le compteur final me rassurera. Cela nous permettra d'acquérir nos galons et de planter notre légitimité.

L'année suivante, Daniel envisage pratiquement le même dispositif d'animation, dont je fais toujours partie. De six, nous passons à quatre : Patrick Chêne, Olivier Minne et moi pour le premier soir, en direct d'Angers. Puis Patrick, Frédéric Mitterrand et moi le lendemain, en direct de... Strasbourg ! Nous avons pris l'avion dans la nuit, à 4 heures du matin, avec Michel Boujenah, formidable parrain déguisé en hôtesse de l'air ! Nous atterrissons au petit matin sur une piste gelée recouverte de neige, sans avoir fermé l'œil de la nuit. Merci, Daniel, de nous embarquer dans tes délires les plus fous ! Et si l'avion n'avait pas pu atterrir ?

En parlant de délires, Michel Boujenah, débordant de générosité, continue de nous faire le show dans l'avion, en dehors des caméras, pour gommer nos angoisses. Irrésistible ! Je sens que je progresse dans l'animation, je m'affirme et commence à occuper une vraie place auprès de mes deux acolytes. J'éprouve les prémices de ce que je ressentirai vraiment par la suite, un avant-goût de satisfaction...

Un an plus tard, en effet, Daniel Patte, toujours lui, me sollicite à nouveau. Il a réfléchi (il réfléchit toujours beaucoup !) : il a visionné l'émission précédente et pense que l'on gagnerait en efficacité en resserrant l'animation. Il commente les prestations des uns et des autres, évoque les retours qu'il a eus de la part du public et des professionnels. Cette fois-ci, il n'envisage que deux animateurs sur le plateau central qui, cette année, prendra place au cœur de Montpellier : Patrick Chêne, qu'il a jugé chaleureux et performant... et moi. Là je vacille, je suis sciée, scotchée, j'hallucine. Je lui demande si tout va bien, s'il est sain d'esprit et lui assure d'emblée que je ne serai jamais à la hauteur ! Toujours ce foutu manque de confiance en moi... Il se défend, m'explique son choix, argumente. Je suis terrorisée, même si je sais, au fond de moi, que j'adore faire ce boulot. Je me suis découvert une énergie considérable l'année précédente et je n'ai pas eu de problème pour trouver le ton juste. Car ce n'est vraiment pas facile de le trouver, ce ton juste... Tel un équilibriste sur un fil, il s'agit de passer en permanence d'un registre à l'autre, de la fête à l'émotion, d'une interview pointue d'un chercheur à celle d'un enfant, plus délicate, d'une plaisanterie à une argumentation solide... Il faut être à l'écoute de l'autre, faire preuve d'empathie et surtout être crédible et... sincère. Tout se voit, surtout dans cet exercice où, la fatigue aidant, les véritables natures apparaissent parfois. Ce n'est pas toujours très reluisant... Non, je ne donnerai pas de noms !

Daniel me rassure et je finis, bien sûr, par accepter. Comment refuser une telle proposition ? La pression sera terrible, mais je vais travailler beaucoup pour m'y préparer et lui faire honneur. Hors de question qu'il regrette son choix.

Je me consacre alors à la préparation de ce Téléthon 1999. Ce sera une étape importante de ma vie.

Le contexte est difficile : le vendredi soir, au moment où nous lançons l'émission, les lignes téléphoniques de France Télécom ne fonctionnent pas bien. Bernard Barateau fulmine car le compteur des dons se montre paresseux. Il intervient plusieurs fois en plateau car il n'a pas son pareil pour convaincre les futurs donateurs. Coude à coude, nous nous battons avec Patrick. Et avec Pierre Perret, qui est le fidèle parrain de l'émission pour la seconde fois. Notre complicité est totale, notre complémentarité fonctionne à merveille et nous prenons beaucoup de plaisir à travailler ensemble. L'ambiance est là. Le public est « bon ». Les heures de direct s'enchaînent. Je me souviens notamment de l'après-midi délirante du samedi, sur un podium en plein air, sous le doux soleil de l'hiver méridional, au milieu d'une marée humaine : je suis là sur la scène, à faire réagir le public, à hurler, à motiver la foule, telle une rock star... Quelle sensation incroyable ! Et ça marche ! Les chiffres sont excellents. Le compteur n'arrête plus de grimper. Et c'est avec un record de dons que ce marathon se clôt dans la nuit. Peut-être pour la première fois de ma vie, je me laisse aller à éprouver un réel sentiment de satisfaction. Non seulement j'y suis arrivée, mais je sens, je sais que j'ai été bonne. Cette fois, je n'ai pas besoin qu'on me le dise pour en être certaine, moi qu'il faut d'habitude constamment rassurer. Je le ressens au plus profond de mes tripes. Et je le lis, bien sûr, dans le regard bienveillant de Daniel que je remercie encore aujourd'hui de m'avoir offert ce bonheur. Mission accomplie. Nous fêtons cette victoire jusque tard dans la nuit.

Je me retrouve seule dans ma chambre d'hôtel, au petit matin, épuisée. Je commence à me détendre. Les nerfs lâchent et je suis envahie par l'émotion. Je pense à ma mère. J'aurais aimé qu'elle me voie. Je sais qu'elle n'est pas étrangère à cette force que j'ai trouvée en moi. Je découvre que je me suis investie pour elle, pour la venger, pour participer, à mon humble niveau, à une révolution médicale, afin qu'un jour on puisse aussi guérir les cancers incurables. Je comprends que la souffrance et la mort que j'ai côtoyées m'ont permis d'être, à l'antenne, l'équilibriste qu'il fallait que je sois pour être juste et authentique. Je connais ce dont je parle, je l'ai éprouvé, je m'en nourris, je sais que je n'en suis que plus crédible. Je réalise que tout cela n'est pas le fruit du hasard et que la maladie, la souffrance de maman, son départ prématuré m'ont permis d'être à la hauteur de ce défi. Elle me manque tellement, à cet instant précis ! Je viens de vivre l'expérience professionnelle la plus forte de mon existence, j'aurais tellement aimé lui faire partager le flot d'impressions et d'émotions qui montent en moi. Je prends conscience que je viens d'utiliser mes compétences pour les mettre au service d'une cause et j'en tire un immense bonheur. Plus rien ne sera jamais comme avant. J'ai compris que le plus important pour moi désormais serait de donner du sens à tout ce que j'entreprends.

Depuis ce jour, j'ai l'honneur d'être un des piliers de cette émission si particulière. Laurence Thiennot-Herment est devenue présidente de l'AFM. Sylvie Faidherbe a remplacé Daniel Patte à la production. Les moments forts et les rencontres marquantes s'enchaînent et représentent toujours pour moi une source d'enrichissement, personnel et spirituel. Mais certainement pas financier, et je crois qu'il est important de le repréciser : l'implication des animateurs dans le Téléthon est un engagement bénévole. Nous ne recevons aucun salaire pour cette prestation !

*
**

Les images de ces années défilent dans ma tête. Je revois les visages de Jeanne, de Laetitia, de Karl, de Julia et de Mégane qui, depuis, nous a quittés... Autant d'enfants atteints par l'une ou l'autre de ces maladies terribles. Ils m'ont souvent émue et sidérée par leur maturité, leur sens de l'à-propos et leur générosité. Ils sont lucides et se doutent que pour eux, il est déjà trop tard, mais ils s'accrochent pour les autres, les prochains, ceux qui seront peut-être un jour traités, voire guéris. Je pense aux adorables parents de Jeanne, désemparés devant les souffrances endurées par leur petite fille de dix ans. Ils sont impressionnants de force et d'abnégation. J'imagine leur quotidien difficile, et l'espoir que représente pour eux cette immense fête populaire. Je suis éblouie par l'investissement des chercheurs qui ne baissent jamais les bras et font feu de tout bois, en alerte sur la moindre information qui pourrait initier un nouveau programme de recherche. Pendant la diffusion des reportages, en plein direct, le Pr Arnold Munich n'hésite pas à donner des consultations à des familles présentes dans le public et qui n'ont pas la chance d'avoir accès à lui. Cet homme-là, comme la plupart de ses confrères, m'impressionne par son efficacité et sa simplicité. Les plus grands et les plus intelligents sont souvent les plus simples et les plus attentifs aux autres, je l'ai fréquemment vérifié.

D'autres images me reviennent... Je me souviens : en juin 2008, à l'occasion de la réunion annuelle de la convention des familles de l'AFM, je pénètre sous un chapiteau qui abrite trois mille personnes venues de toute la France, et suis accueillie par une *standing ovation* ! Ces familles tiennent à me manifester leur gratitude, et, de ce fait, je mesure l'espoir que ce rendez-vous télévisuel représente pour des millions de malades. Je suis émue, j'ai l'impression qu'ils me considèrent comme une « sainte » capable de faire des miracles, alors que je ne suis que le dernier maillon d'une immense chaîne d'amour et de professionnalisme. C'est dans des moments comme ceux-là que je comprends, une fois de plus, l'impact de cette grande messe télévisée annuelle. « C'est le 14 juillet en hiver », a dit le grand Pierre Tchernia en évoquant le Téléthon. Il n'avait pas tort !

Donner du sens à ma vie, mettre des compétences professionnelles au service d'une cause... D'autres occasions m'ont offert cette chance magnifique. Sur le plateau du Téléthon, j'ai croisé la route d'une femme exceptionnelle, Hélène Bost-Hourticq, qui assumait, entre autres responsabilités, la présidence de l'association « Handi'chiens ». Elle est de ce genre de femmes au charisme irrésistible, capable de faire bouger les mentalités, de séduire les politiques, bref, de déplacer les montagnes les plus hautes. Elle m'a convaincue de l'efficacité de son association, et m'a enrôlée pour présenter bénévolement, dans les salons de l'Hôtel de Ville, à Paris, la cérémonie de remise de chiens à des enfants touchés par le handicap pendant plusieurs années consécutives. L'association « Handi'chiens » sélectionne des labradors et des golden retrievers et trouve des familles d'accueil pour les élever pendant dix-huit mois. Les chiens doivent être dressés et capables de répondre à une cinquantaine d'ordres précis. Au terme de plusieurs stages de dressage, l'animal est attribué à son maître définitif. Il effectue alors les gestes que celui-ci ne peut plus faire. La présence du chien suscite aussi un intérêt bienveillant de la part de ceux qui les croisent et que, parfois, le handicap rebute. Et surtout, le chien apporte à l'enfant sa tendresse et son affection. Imaginez le déchirement – et la générosité – des familles d'accueil qui se séparent de l'animal qu'elles ont élevé pendant dix-huit mois ! Imaginez surtout la joie d'un enfant privé de sa liberté de mouvement quand il reçoit un compagnon chargé d'adoucir son quotidien et dont il rêve depuis longtemps ! J'ai rarement vécu des moments aussi intenses. Un chien formé par « Handi'chiens » coûte dix mille euros. Pourquoi ne pas vous regrouper et vous mobiliser pour réunir des fonds et sponsoriser un animal ? Pourquoi ne pas lancer un tel projet au sein de votre entreprise ? Cela se pratique déjà. Pourquoi ne pas devenir famille d'accueil ? Offrir du bonheur : qu'y a-t-il de mieux ?

Hélène Bost-Hourticq, elle aussi, a dû se battre pendant un an contre un cancer implacable, d'une agressivité inouïe. Décidément... Elle-même médecin, donc consciente de la gravité du mal qui la rongeait, elle n'a pas hésité à explorer de nouvelles thérapies innovantes, allant même jusqu'à en témoigner dans mon émission. Hélas, elle s'est éteinte au mois de juin dernier. Je l'aimais. Je l'admirais. Elle me manque.

*
**

7 décembre 2008. C'est mon dixième Téléthon. Depuis deux ans, je m'interroge sur la pertinence de continuer. Ne vaudrait-il pas mieux, à mon tour, passer le relais ? Claude Sérillon me le conseille depuis quelque temps déjà. Je lui ai dit à plusieurs reprises à quel point j'avais été fière de le remplacer, lui qui était si magnifique dans cet exercice. L'idée mûrit, mais je me sens tellement liée aux enfants malades et aux familles que je retrouve régulièrement, maintenant ! Je me sens attachée à cette cause et j'ai du mal à décrocher. C'est probablement un plaisir égoïste que de me sentir utile, au moins une fois par an... mais je me l'offre encore une fois !

Il est 4 heures du matin. Je tente de m'endormir après trente heures d'antenne. La pression était encore plus forte cette année, en raison de la crise financière internationale. Les Français seront-ils aussi généreux dans ce contexte ? La réponse dépasse nos espoirs les plus fous. Un compteur à plus de quatre-vingt-quinze millions d'euros... Je suis épuisée mais heureuse, remplie du bonheur d'avoir accompli ma mission le mieux possible, aux côtés de Nagui et de la plupart des animateurs de la chaîne. Grâce à la générosité de nos compatriotes qui ont encore une fois répondu « présent ! », nous continuons d'offrir de l'espoir à Jeanne, Thomas, Mathieu, Julien, Myriam... tous ces enfants qui attendent et qui se nourrissent de l'énergie déployée pendant l'émission pour combattre leur mal à chaque seconde, avec comme horizon qu'on leur propose, un jour, une solution...

Comprenez-vous que je ne puisse jamais vraiment concevoir d'arrêter ?

– 9 –

Septembre 2005

La Grande Faucheuse nous a dans ses petits papiers. Depuis six ans, elle vient régulièrement frapper à notre porte, en demandant son dû. Dans le sillage de ses visites, c'est une véritable hécatombe : elle déracine, l'un après l'autre, les piliers de mon enfance. Mon « papy de l'école » et mes grands-parents paternels, ces êtres qui m'ont toujours aimée et soutenue sans condition, tirent leur révérence. Inexorablement. À un rythme bien trop soutenu... L'onde de choc ébranle ma petite famille et, détail tragi-comique, je surprends une conversation entre mon fils et ma fille qui comparent les différentes cérémonies religieuses. Surréaliste ! Et pas vraiment du meilleur goût... Mais bon : ils ont ce désarmant pragmatisme des enfants.

C'est une période lugubre et difficile pour moi. Je ne le comprends pas immédiatement, mais, au fur et à mesure de ces disparitions, je prends conscience que le lien ténu qui me relie à mon enfance est en train de s'étioler... pour finalement se rompre avec le dernier souffle de ma grand-mère maternelle. Sa disparition clôt un chapitre doux et précieux de mon existence. Je perds une partie de mes racines et l'aimant qui me poussait à me rendre, le plus souvent possible, à Bordeaux.

Mes quatre grands-parents disparus, je me sens à nouveau orpheline. Mais je sens aussi que je deviens définitivement adulte, définitivement en charge et seule responsable de ma propre destinée. Je suis triste, bien sûr : c'est comme si, à chaque départ, ma mère mourait une seconde fois et s'éloignait encore un peu plus de moi. Mes grands-parents emportent avec eux des images, des paroles et des secrets qui me seront, à tout jamais, inaccessibles. Il ne reste que la sœur et le frère de maman pour évoquer avec moi son souvenir. Mais je suis lucide : mes grands-parents avaient, tous les quatre, plus de quatre-vingts ans ; leur départ, bien que douloureux, n'a rien de révoltant comme a pu l'être celui de ma mère. Et je peux témoigner de leurs vies. C'étaient des vies remplies, riches, pleines. Ils sont allés au bout de leur parcours et ils se sont doucement éteints, à bout de forces, à bout d'envies. J'accueille cette nouvelle réalité avec sagesse. Je fais face. J'accepte. Je sais que mes souvenirs avec eux sont tatoués, de façon indélébile, au fond de mon cœur. Rien ne pourra jamais les effacer.

Et comme s'il fallait souligner encore davantage qu'une page est en train de se tourner et que ma vie est désormais devant moi, mon père s'éloigne de plus en plus. Il s'est finalement remarié et est redevenu papa depuis quelques années. Papa d'une petite fille qui a vu le jour entre la naissance de mes deux enfants. Le regard de mon père semble, désormais, beaucoup plus tourné vers l'avenir. J'ai progressivement réalisé que mon frère et moi appartenions moins à son présent. Je respecte son choix, avec tristesse parfois. Malgré tout, je me réjouis de le voir, non pas « refaire sa vie », mais la poursuivre avec un nouvel amour, sans pour autant oublier le passé.

*
**

Le dernier lien qui me reste avec Gazinet, c'est ma tante Marie-Hélène, la sœur de mon père. Depuis le décès de ses parents, elle habite à cinquante mètres de chez lui, dans la maison familiale, au bout du jardin où j'ai grandi. C'est elle qui m'accueille désormais quand je reviens au village. Car j'aime y revenir ; j'y retrouve mes racines et j'apprécie la gentillesse dont ma tante nous entoure, moi et ceux que j'aime. À soixante ans, elle commence à peine à profiter de la vie, qui n'a pas été particulièrement tendre avec elle. Elle a découvert le véritable amour depuis peu avec un fiancé de quinze ans son cadet ! Elle a choisi d'entreprendre des travaux pour s'installer avec lui dans la maison de ses parents. Elle y a même fait construire une jolie piscine, grand luxe par rapport à ses petits moyens de secrétaire. Elle aussi (comme tant de monde dans mon entourage !) travaille à la faculté des sciences.

En écho au vécu de ma mère, mais de façon encore plus extrême, ma tante a subi, tout au long de sa vie, un enchaînement de circonstances et de décisions contraires à ses souhaits. À vingt ans, elle rencontre son premier amour qui se révèle, à l'usage, être alcoolique, toxicomane, et maltraitant à son égard ! Mes grands-parents, face à cette situation insupportable, ont réagi dans un souci de protection et l'ont brutalement éloignée de ce garçon plutôt nuisible, réduisant ainsi à néant toute velléité de construire une famille avec lui. En proie à un immense chagrin, ma tante ne s'est, je crois, jamais vraiment remise de cette échec. Est-ce pour cette raison qu'elle s'est, par la suite, abandonnée à des relations sans lendemain ? Est-ce cela qui lui a ôté tout désir de maternité ? Quoi qu'il en soit, elle a, peut-être en désespoir de cause, reporté toute son affection inassouvie sur mon frère et moi, ses neveux chéris. Elle était toujours là pour nous. Nous nous voyions souvent puisqu'elle a habité chez ses parents – au bout de notre jardin, donc ! – jusqu'à l'âge de quarante-cinq ans, avant de prendre enfin un appartement pour elle seule, à quelques kilomètres de là. Néanmoins, à l'âge de soixante ans, elle décide de revenir s'installer dans la maison familiale. L'envie de construire son nid avec un homme sérieux qu'elle vient de rencontrer, un homme qui lui prouve son amour en lui proposant de vivre avec elle... Elle s'étonne de cet impromptu sourire du destin et pressent, comme une fatalité, qu'un bonheur aussi grand et aussi inattendu ne pourra pas durer bien longtemps... Elle s'interroge également sur la différence d'âge qui la sépare de son compagnon. Comment vieillir ensemble, quand bien même elle affiche encore une allure de jeune fille ? Elle n'y croit pas vraiment, à ce bonheur qui la prend de court. Trop blessée par les événements passés, elle ne parvient pas à baisser la garde et à accueillir sereinement la possibilité d'un avenir heureux.

A-t-elle, comme ma mère, l'intuition du malheur à venir ?

En effet, le compte à rebours est déjà enclenché... Marie-Hélène profite, avec son compagnon, de sa jolie piscine ; ils organisent quelques fêtes et se prélassent des journées entières sur les vastes plages de l'Atlantique, seuls face aux vagues de l'océan, loin des touristes... quand, en mai 2005, une fatigue inexplicable s'empare de ma tante insidieusement. Elle manque d'entrain, s'endort souvent en rentrant du travail en fin d'après-midi. Et surtout, elle ne parvient pas à se remettre d'un méchant rhume qui ne guérit pas. Pierre, mon mari, passe dans la région un mois plus tard. Il s'inquiète, alors que ce n'est pas dans son tempérament ; il remarque sa fatigue et cette toux persistante, qu'il juge suspectes. Lui qui habituellement n'est pas très attentif à ce genre de détails m'en parle avec insistance. J'appelle ma tante et la presse pour qu'elle accepte de consulter. Mais elle traîne et se fait prier... Elle finit, juste avant l'été, par prendre rendez-vous avec son médecin qui l'adresse aussitôt à un pneumologue. Diagnostic : une pneumonie. Le spécialiste lui prescrit néanmoins des examens complémentaires plus approfondis, ainsi qu'une ponction. Mais l'été s'annonce et les vacances du personnel médical ralentissent les prises de rendez-vous. Il faudra attendre le mois de septembre pour avoir un premier vrai diagnostic : on évoque alors quelque chose de plus méchant, mais pour en être sûr, le scanner des poumons ne pourra être pratiqué que dans... trois mois ! J'enrage. C'est bien trop long car on nous parle à présent d'un cancer des poumons. Il y a urgence ! J'ai du mal à comprendre et à accepter cette errance de diagnostic... Les raisons sont multiples : pas suffisamment de matériel, pas assez de personnel compétent, une mauvaise répartition géographique de l'offre de soins... Je perçois à nouveau cette inégalité des chances dans la prise en charge de la maladie grave. Si vous avez un nom et des relations – bref, du piston – vous obtenez rapidement ce dont vous avez besoin. Sinon...

Mon frère connaît du monde dans le milieu médical. Il s'organise pour que soit avancée la date du scanner. L'imagerie décèle une situation catastrophique : c'est un cancer du poumon, certes, mais il est déjà métastasé au pancréas, avec de sérieux doutes quant à une atteinte du foie... Nous sommes effondrés. Je suis prise d'un vertige intérieur. Non, l'histoire ne va pas se répéter ! Nous commencions à peine à souffler...

Ma tante accuse le coup. Elle est extrêmement lucide sur l'avancement de la maladie. Elle connaît la place centrale du pancréas dans le fonctionnement de l'organisme. Elle sait aussi qu'un cancer touchant cet organe laisse bien peu de chances de survie. Elle envisage avec pessimisme les possibilités de s'en sortir. Elle est prise en charge au centre hospitalier de Bordeaux. C'est mon père qui, régulièrement, l'y accompagne. Il est sous le choc. Cette route, il l'a tant de fois pratiquée pour conduire ma mère à ses soins ; il la connaît par cœur et aurait souhaité l'effacer de sa mémoire... Mais il n'a pas le choix. Il faut à nouveau faire face. Il a perdu sa première femme, puis ses parents, maintenant il s'agit de sa sœur. Ça commence à faire beaucoup...

Marie-Hélène est une femme courageuse. Mais l'onde de choc de ce cancer qui surgit de façon si injuste à ce moment de son existence la fait souvent vaciller. Elle oscille entre espoir et désespoir. Son compagnon est tout aussi démuni. Il a difficilement supporté la violence de ce diagnostic terrible et ne semble pas très armé pour faire face à la maladie. Il ne masque pas sa fragilité, et s'effondre en larmes régulièrement. Ma tante trouve la force de le rassurer et décide de se battre, probablement plus pour lui que pour elle. Elle connaît l'issue plus qu'incertaine de ce combat et les très faibles chances de pouvoir remporter la victoire. On ne peut pas l'opérer, le mal s'étant déjà trop disséminé, mais son médecin lui explique que le traitement qu'il lui prescrit lui permettra de vivre longtemps avec sa maladie. Alors, elle se raccroche à cet espoir. Elle semble y croire... Mais elle n'est pas dupe. Nous non plus.

Elle accepte donc docilement les séances de chimio, suivies par des séances de radiothérapie. Et le cycle infernal reprend. Ses cheveux tombent. Nous choisissons une perruque. Les nausées sont au rendez-vous. Elle n'a plus d'appétit. Je connais tout cela ! Je reconnais chaque étape de cet effroyable processus. Tous les souvenirs se réactivent en moi. Je suis loin d'elle, j'habite à Paris, mais, forte de ma propre expérience de la fin de vie et du deuil, je décide de me battre à ses côtés, autant que je le peux, et de lui offrir ma présence et mon soutien.

Cette fois, je me sens prête à faire face. J'ai appris à la dure. Il y a des erreurs que je ne peux plus – que je ne veux plus – faire. Je ne serai pas dans le déni, cette fois, car j'ai compris que c'est la peur qui m'y maintenait autrefois. Aujourd'hui, je n'ai plus peur et je n'ai pas envie de laisser ce sentiment avoir une emprise sur moi. Je ne veux pas vivre avec ma tante les non-dits que j'ai vécus avec ma mère. Aujourd'hui j'ai vingt-deux ans de plus et ma tante n'est pas ma mère ! Les données du présent ne sont pas, bien sûr, tout à fait pareilles, mais il est des promesses qu'on se fait à soi-même et qu'on ne veut pas trahir. Alors, je décide que je serai présente malgré la distance. Je recueillerai ses confidences, je tenterai de la rassurer quand elle se confiera à moi et qu'elle me fera part de ses doutes et de ses craintes, je lui donnerai du courage et de la force quand elle aura envie d'abandonner. Oui, je décide de m'investir dans cette « mission ». C'est un peu comme si j'avais à me rattraper, au regard de ce passé avec ma mère où je ne m'étais pas sentie à la hauteur de la situation...

Mon frère et moi complotons. Nous avons envie de lui proposer des objectifs de vie, orientés vers l'avenir. Une idée folle germe alors dans notre esprit : et s'ils se mariaient ? Nous le suggérons à son compagnon. Elle n'a jamais été mariée. Lui est divorcé et s'était montré, jusque-là, toujours très réservé à l'idée du mariage, refroidi par un premier échec douloureux. Ils y avaient pensé – elle surtout, avant d'être malade – mais il était plutôt réticent. À présent, il ne sait pas quoi faire pour lui faire plaisir. Il a d'ailleurs déjà envisagé cette démarche, mais n'osait plus la lui proposer. Il adhère aussitôt à notre suggestion et la demande en mariage, en bonne et due forme ! Il est heureux de lui offrir la dernière joie de sa vie – si tant est qu'elle n'en ait jamais eu auparavant. Elle le regarde comme s'il était tombé sur la tête... Puis un sourire éclaire son visage... Oui... Mais oui, bien sûr : c'est une merveilleuse idée ! S'unir, envers et contre tout, organiser une belle fête et se marier pour honorer leur amour !

La cérémonie s'organise vite. Comme nous l'avions espéré, les préparatifs de ce mariage constituent un bon dérivatif aux angoisses de la maladie. Il faut se concentrer sur les invitations, sur le choix de la salle, sur la composition des menus, sur la sélection d'une tenue. Orange ! C'est la couleur qu'elle retient pour entrer à la mairie en ce jour d'hiver. Une couleur gaie, pleine d'énergie et de vitamines. Ma tante est bien décidée, à l'occasion de cette journée, à oublier la fatigue, les traitements et sa foutue maladie. Un répit d'une journée. Et quelle journée ce sera ! L'émotion est présente, amplifiée par l'enjeu de ce mariage et la menace qui plane au-dessus de Marie-Hélène. Chacun y pense. Cela se lit sur les visages et dans les regards. Mais nous nous évertuons à chasser nos idées noires. La fête est chaleureuse. À l'image de la mariée.

Le lendemain, elle est toujours souriante. Ainsi que le surlendemain... Mais très vite, leur voyage de noces tourne court. Ils ont opté pour une virée dans le centre de la France. Pour ne pas trop s'éloigner, au cas où... Bien leur en a pris, car un nouvel assaut de la maladie empêche ma tante de jouir du bonheur de leur lune de miel. À peine arrivés, ils doivent faire demi-tour. Elle a peur. Elle sent des douleurs jusque-là non identifiées. Elle a besoin de retrouver la sécurité de son cadre de vie et de revoir son cancérologue. Il lui prescrit de nouveaux examens. Les résultats sont alarmants : cette fois, le foie est touché lui aussi. C'est une claque. Elle n'y croit plus, mais décide de rester forte devant son mari. Moi je n'y crois plus non plus, mais je mobilise toute mon énergie et ma force de conviction pour lui redonner espoir. C'est vraiment dur ! Nous comprenons qu'elle reçoit désormais un traitement palliatif, à base de chimiothérapie et de radiothérapie : l'objectif n'est plus d'éradiquer la maladie, désormais incurable, mais d'en amoindrir les effets sur son confort et sa qualité de vie. Notre souhait est de lui assurer une fin la moins douloureuse et la plus apaisée possible.

Nous nous voyons à plusieurs reprises pendant l'été. Nous parlons beaucoup ensemble. Marie-Hélène évoque désormais assez peu sa maladie et ses chances de s'en sortir. Elle me dit parfois qu'elle craint de souffrir. Je lui assure qu'aujourd'hui il existe toutes les thérapeutiques pour empêcher cela et que nous ferons tout pour les lui garantir. Elle me dit aussi qu'elle a peur de mourir. Je n'esquive pas. Je l'entends et lui réponds que je comprends, et qu'à sa place, j'aurais certainement peur moi aussi. Elle ne se révolte pas. En fait, au seuil de la mort, elle me parle surtout de sa vie, de ses échecs, de ses errances, de son rapport souvent difficile avec ses parents, de sa culpabilité de leur avoir parfois mal parlé. Et elle pleure, beaucoup. Ce chemin de fin de vie est, pour elle, comme un retour forcé sur un passé dont elle aurait souhaité se débarrasser. C'est ce qu'elle fait, d'ailleurs, en me le livrant, d'une manière parfois crue, sans me ménager. J'assume, même si je suis bouleversée, en découvrant des choses que la famille a toujours tues. Ma tante a aussi besoin de faire le vide autour d'elle, pour affronter les derniers temps de son existence. Je lui conseille de voir une psychologue, à l'hôpital, afin de l'aider à mettre des mots sur des émotions qu'elle n'est pas arrivée à nommer et qui restent douloureusement bloquées en elle. Elle accepte et je crois qu'elle y trouve du réconfort. Auparavant, elle n'aurait jamais entrepris cette démarche, encore taboue finalement, et jugée superflue, alors qu'elle en aurait eu tellement besoin... Avec le recul aujourd'hui, je sais que je me suis engagée dans un véritable processus d'accompagnement, en me basant sur mon ressenti et ma seule intuition.

Le temps passe. La maladie poursuit son inexorable progression. Les cellules malignes envahissent maintenant le cerveau. Ma tante s'alimente désormais difficilement, devient faible et commence à perdre l'équilibre. Elle chute à plusieurs reprises, au cours de la journée, et se relève avec difficulté. Jusqu'au jour où elle reste une heure dans le jardin, le visage contre le sol, à bout de forces, incapable de se redresser. Elle réalise qu'elle a besoin d'aide en permanence et accepte de se faire hospitaliser.

Elle passera les trois dernières semaines de sa vie à l'hôpital, à l'institut Bergonié. Il n'y a plus aucun espoir d'amélioration. Elle va s'affaiblir tranquillement. Le médecin nous garantit qu'elle ne souffrira pas. Je lui demande si on peut la transférer dans une unité de soins palliatifs. Avant de rencontrer Christophe qui me les a fait découvrir concrètement, j'avais déjà une connaissance de ces soins à travers des ouvrages comme celui de Marie de Hennezel : *La Mort intime*[1]. Le médecin me laisse entendre que ma tante n'aura pas vraiment le temps d'en profiter... et que des unités mobiles de soins palliatifs interviennent dans son service : les membres de cette équipe procèdent à une évaluation précise de sa situation et lui proposent une prise en charge adaptée de sa douleur, ainsi qu'une aide psychologique... Je reconnais qu'elle a bénéficié d'un accompagnement de qualité, mais l'environ-

1. *La Mort intime*, *op. cit.*

nement dans lequel elle était restait froid et sordide et j'aurais aimé lui offrir un cadre plus doux pour ses derniers jours...

Cette fois-ci, nous savons. Nous affrontons, soudés, et nous relayons à son chevet. Je descends le week-end à Bordeaux et je reste près d'elle, ma main dans la sienne. Elle me parle encore, évoque sa peur, pleure. À mon grand désespoir, je ne la sens pas sereine. Je pressens tous les regrets, tous les comptes à régler avec son passé qu'elle ne pourra pas solder. Mais je la sens néanmoins heureuse et apaisée de nous avoir à ses côtés. Le plus important pour nous tous est de lui transmettre de l'amour, le plus d'amour possible, cet amour dont elle a dû tellement manquer au cours de sa vie. Mon souhait est qu'elle s'envole en se sentant aimée ! Ce sera au moins ça...

Les tout derniers jours, Marie-Hélène s'enfonce dans le coma. L'ultime week-end, elle ne parle plus, à demi consciente. Elle ouvre à peine les yeux, et quand elle le fait, c'est pour laisser échapper une larme. Elle s'éteint deux jours plus tard, juste après le départ de son mari, pour ne pas qu'il recueille son dernier souffle – par souci de le protéger, j'en suis sûre. Christophe me dira que, souvent, certaines personnes en fin de vie choisissent de partir en l'absence de leurs proches, comme si leur présence les retenait et les empêchait de s'abandonner, ou comme s'ils avaient besoin d'être seuls pour franchir le Grand Seuil.

*
**

En écrivant ces lignes, je réalise que l'accompagnement de ma tante a été une sorte de « réparation ». Je réparais quoi ? Certainement les erreurs commises durant la fin de vie de ma mère. Des erreurs liées à la méconnaissance, à l'ignorance, à la peur, au besoin de me protéger. Je constate que j'ai « appris », sans le savoir, auprès de ma mère. J'ai appris en négatif, « en creux », devenant petit à petit consciente de ce qu'il fallait faire ou dire auprès d'une personne gravement malade. Cette connaissance intuitive s'est spontanément mise en œuvre avec ma tante. Les gestes, les mots et les attitudes justes étaient au rendez-vous. Je n'avais plus besoin de me protéger de quoi que ce soit, car j'accueillais la souffrance et la tristesse sans en avoir peur. J'étais apaisée.

Et fière d'être là, de me tenir auprès d'elle. Cela peut paraître bizarre, n'est-ce pas ? Tirer du plaisir de l'accompagnement de fin de vie de quelqu'un qu'on aime... Il y aurait presque de la culpabilité à ressentir cela, même s'il est très clair que je ne me suis pas réjouie de sa mort. Nous en avons beaucoup parlé, avec Christophe.

– « Culpabilité », me dit-il, a pour racine le mot latin *culpa* qui signifie « faute ». Où est donc la faute dans le plaisir éprouvé à donner de l'amour ou de l'affection à une personne qui s'apprête à quitter cette vie – si, là encore, on ne se réjouit pas de ce qui se passe ? Quand on regarde bien, il n'y a pas de faute ! Il y a « plaisir », mais il n'y a pas « faute » ! Et s'il n'y a pas faute, la culpabilité ressentie demande à être remise en question.

Que se passe-t-il en réalité ? On est là, avec cette personne qui vit ses derniers instants. On lui donne tout ce qu'on peut. On reste tranquillement à ses côtés, quand elle est trop fatiguée pour parler. On l'aide quand elle n'arrive plus à prendre soin d'elle-même. Avec calme, douceur, lucidité. On laisse en fait se manifester quelque chose de soi qui parle de tendresse et d'amour. Quelque chose d'inhérent à l'être humain. Une dimension de cœur qui se révèle à soi si on a le courage et l'humilité de l'accepter. Voilà d'où vient le plaisir de l'accompagnement : le fait de se révéler à soi-même dans ce qu'on a de plus beau et de plus grand ! Christophe me dit que, dans la tradition bouddhiste tibétaine, c'est ce qu'on appelle la « bonté fondamentale », qui part du principe que l'être humain est fondamentalement bon et que c'est le « voile de l'ignorance » qui l'empêche de voir sa véritable nature. Il est dit qu'aider l'autre et chercher à le connaître revient à s'aider et se reconnaître soi-même dans ce que l'on est vraiment. On est très loin du dénigrement systématique de soi qui abîme tant de gens et qui les conduit à prendre des antidépresseurs ! Le plaisir que j'ai ressenti avec ma tante n'était donc pas un plaisir égoïste, uniquement centré sur moi : il était le fruit d'un échange, d'une réciprocité dans ce que je lui donnais et dans ce que je recevais de mon côté. Je ne le recherchais pas. Cela se passait entre nous, tout simplement, sans aucune volonté de notre part...

Je comprends maintenant ce qu'Ibrahim, mon ami aide soignant de Jeanne-Garnier, a voulu dire quand il affirmait avoir trouvé un sens à sa vie dans les soins palliatifs. Il connaît ce plaisir de se donner à l'autre à un moment aussi déterminant de son existence, en se révélant alors à lui-même. C'est, je crois, ce qu'ont en commun toutes les personnes qui travaillent dans ce domaine. Quand on ne comprend pas cela, on a évidemment l'impression que c'est « plombant » de s'engager sur une telle voie. C'est presque perçu comme un truc un peu bizarre, ou anormal, voire carrément malsain ! D'ailleurs, Christophe me dit qu'on lui demande souvent le pourquoi de son implication, comme s'il y avait là quelque chose de « suspect ».

*
**

J'ai pris contact avec Christophe Fauré, je l'ai dit, à l'occasion du projet d'émission que j'ai conçu pour France 5. Un psychiatre spécialiste du deuil ? Quelle drôle de spécialité ! Quel parcours pouvait-il avoir suivi pour se confronter à un sujet pareil ? Quel âge ? Quelle vie ? Quelle tête pouvait bien avoir un spécialiste du deuil ? Allais-je rencontrer un être morbide, limite pervers et fasciné par « le passage » vers l'au-delà ?

Dès notre première rencontre, mes craintes ont vite été dissipées par un regard rieur, généreux et bienveillant, et une voix douce et chaleureuse. Cet homme distille de la bonté, de l'empathie et de la compassion. Il me parle de son parcours et de ses choix. Il y a quelques années, terrifié par la pandémie liée au sida, il a décidé de s'engager et de s'investir auprès de malades en phase terminale. Il évoque aussi son cheminement spirituel, à une autre période de sa vie, dans un monastère bouddhiste. Je comprends alors mieux l'ensemble de sa recherche et de sa démarche, sa manière à lui de donner un sens à sa vie. Le courant passe plus que bien entre nous, dès le premier rendez-vous. Notre collaboration se révèle rapidement efficace et amicale ; nous sommes complémentaires et souvent sur la même longueur d'onde. La confiance s'installe et les confidences s'enchaînent. Et surtout, nous rions beaucoup : même sens de l'humour, même autodérision. Alors que nous réfléchissons sur des sujets vraiment graves, l'espoir et la recherche de bien-être ne se sont jamais autant imposés à nous. Et nous pensons déjà à nos futurs projets, car nous n'avons pas dit notre dernier mot ! Évoquer la mort ne nous empêche pas d'être bien ancrés dans notre vie, au présent et au futur.

Je fais part à Christophe des interrogations que suscite la spécialité qu'il a choisie. Il sourit, habitué à se justifier...

Christophe : – Je comprends cette interrogation... Travailler en soins palliatifs, dans un contact étroit avec le deuil et la fin de vie, est effectivement un choix risqué. Émotionnellement d'abord, car on ne se frotte pas impunément à la souffrance d'autrui : elle dépose quelque chose en soi, parfois insidieusement. Il faut alors une grande vigilance pour ne pas s'y enliser et également une grande exigence pour veiller, au quotidien, à prendre soin de soi, en faisant beaucoup de sport pour « évacuer », en se nourrissant d'art, de musique, de plaisirs, de rencontres, de voyages, et surtout... en aimant et en étant aimé – c'est le plus grand ressourcement intérieur.

Choix risqué, aussi, parce qu'il impose de découvrir en soi des territoires parfois sombres ou désespérants. J'y rencontre crûment mes limites, ma fragilité et mon impuissance, et je dois alors accepter de ne pas savoir, de rester dans l'incertitude et l'absence de réponse. Je rencontre aussi mes zones d'ombre, mon désir de réparation de blessures intérieures, ainsi que les mécanismes de protection qui se mettent en place en moi pour ne pas être touché par les situations trop difficiles. Le risque est alors de perdre le lien, l'empathie et le désir d'être présent à cette souffrance qui demande à être accompagnée. Je dois également lutter contre la malsaine fascination qu'exerce, sur tout être humain, la fin de vie et la mort. Travailler en soins palliatifs, c'est être en lien direct avec le Grand Mystère, et il y a là un incontestable désir de le percer, pour tenter de l'apprivoiser et avoir moins peur, mais aussi la dangereuse tentation de se nourrir de cette souffrance et de l'utiliser pour l'exorciser ou pour se rassurer, aux dépens de celui ou de celle qui la vit. Les dérives sont fréquentes dans ce domaine ! Alors oui, tout cela demande une très grande vigilance pour ne pas se leurrer soi-même et ne pas se perdre en chemin.

Mais si ce chemin est semé d'embûches, il est aussi lumineux et c'est ce qui fait qu'on le choisit, et qu'on y reste ! Tout ce dont nous avons parlé précédemment au sujet du plaisir de se savoir utile à ce moment de la vie est un moteur extrêmement puissant. Il rend heureux, joyeux, avide d'ouverture sur autrui et sur soi-même. Et je crois d'ailleurs qu'il n'est pas nécessaire d'attendre d'accompagner quelqu'un qui est en train de mourir pour ressentir en soi cette pulsion de vie. Il existe mille occasions de se donner à quelque chose qui a de la valeur : dans une association, auprès d'un membre de sa famille, auprès d'un collègue ou d'un ami. La vie est faite de telle manière qu'elle nous montre toujours là où aller, si nous acceptons d'entendre ce qu'elle nous propose...

*
**

Rien à ajouter ! La démarche me paraît belle, claire et précise. Christophe accompagne des personnes en fin de vie, ou des personnes endeuillées. Voilà plusieurs mois que nous collaborons, que nous décortiquons ces sujets, et mon histoire en particulier. Cela ressemble-t-il au travail qu'il effectue avec ses patients ? Qu'ai-je gagné tout au long de ces mois d'écriture et d'introspection ? Quel regard porte-t-il sur moi ? Il me semble intéressant de donner la parole au thérapeute... Pas pour faire parler de moi, mais pour vous aider, vous !

Christophe : – Je voudrais vous parler de Sophie et du chemin qu'elle a parcouru en écrivant ce livre. Nous y œuvrons ensemble depuis huit mois et je l'observe, semaine après semaine. Elle a changé. Elle le dit et je le sens. Ce qui est étonnant, c'est que ce que je vois d'elle fait écho à l'évolution de mes propres patients, au cours de leur travail de deuil après la perte d'un être cher. Je vois, chez Sophie, le même chemin se dessiner, les vieilles blessures laissées en plan se cicatriser lentement.

Car il y avait en elle des choses en suspens, il y avait des zones de souffrance et de non-dits qui, en dépit des années, restaient en attente, sans même qu'elle en ait conscience. Elle a courageusement – oui, c'est vraiment le mot – osé dévoiler et nommer des pans cachés de son histoire. Comme tant de gens, elle pensait qu'il était inutile de revenir sur un passé si lointain ; cela ne changerait rien, croyait-elle. Elle se trompait et elle le reconnaît aujourd'hui. Car c'était compter sans cette incroyable faculté qu'a tout être humain d'éradiquer ses fantômes personnels rien qu'en les mettant au grand jour, et de grandir intérieurement en le faisant. Notre travail m'a confirmé, si besoin était, la valeur inestimable de mettre en mots les choses qui nous font mal. Non pour nous y complaire, mais pour nous en dégager et nous en libérer. Bloquer en soi les peines du passé et les priver de mots peut sembler une bonne « stratégie » pour ne pas souffrir, mais c'est une erreur. Car elles se rappellent immanquablement à nous, sous des formes détournées qui polluent notre quotidien et notre aptitude au bonheur. De plus, le fait que Sophie s'apaise aujourd'hui, vingt-cinq ans après le décès de sa mère, est porteur d'espoir : cela signifie qu'il est toujours possible de revenir sur les peines de son histoire de vie – même dans leurs aspects les plus douloureux – et « d'œuvrer » à leur résolution. C'est ce que Sophie a fait au cours de nos rencontres qui prenaient parfois – en dépit de nos pieds nus sur son balcon ensoleillé, un verre de vin blanc à la main – l'allure d'entretiens de psychothérapie !

De quelles évolutions ai-je été témoin ? Quand nous nous sommes rencontrés, il y a un an et demi, nos échanges ont très rapidement gagné en profondeur. Je voyais une femme en recherche, dans une certaine frustration professionnelle, un peu inquiète sur sa légitimité à parler de choses « sérieuses » ou importantes, formulant des doutes sur sa capacité à mener seule des projets d'envergure. Beaucoup de ses craintes étaient clairement infondées au regard de son parcours personnel, mais il n'empêche : un sournois manque de confiance en elle l'empêchait de voir la réalité de ce qu'elle avait accompli jusque-là : « Je n'ai encore rien fait de ma vie », me répétait-elle ! Je crois qu'elle ne m'en voudra pas si je vous dis aussi qu'elle me semblait se perdre dans des « détails » assez futiles. Plus exactement, et sans en révéler le contenu, je la voyais s'égarer dans des méandres intérieurs qui me semblaient être autant d'impasses émotionnelles où elle se « gaspillait ».

Revenir sur son passé et faire une relecture minutieuse de son histoire l'ont comme libérée d'un carcan invisible. Sans changer fondamentalement – elle reste la personne vive et joyeuse que vous connaissez – Sophie a manifestement gagné en confiance en elle au fil du temps. À un premier niveau, elle a senti la légitime fierté de mener à bien l'ouvrage que vous avez entre les mains aujourd'hui. Et croyez-moi, ce n'est pas rien ! Mais aussi, le fait de s'interroger sur la mort et sur le sens et le fondement de ses choix lui a permis d'accepter ce qui était en elle depuis toujours : une aspiration à aller à l'essentiel – en prenant plus de distance par rapport au superflu –, couplée au désir de donner encore plus de sens à son existence.

C'est là où son chemin parle aussi de vous, si vous avez été touché par la perte d'un proche. Nous avons beaucoup évoqué le deuil dans ce livre. Pour nombre d'entre vous, les mots « deuil » ou « travail de deuil » signifient « oublier » ou « tourner la page ». J'espère que vous comprenez aujourd'hui, à travers ces pages, que c'est une vision erronée. Vous avez bien vu qu'il ne s'agit pas d'oublier, mais, au contraire, de relire le passé pour se le réapproprier et en tirer force et enseignements pour l'avenir. Sophie ne savait pas qu'elle avait en elle la force de survivre à la disparition d'une des personnes les plus importantes de son existence. Rétrospectivement – vingt-cinq ans plus tard ! –, elle en prend conscience, et cette prise de conscience la « booste » dans son présent. Elle laisse émerger une force de vie qui était là, latente, mais qui ne se manifestait pas suffisamment parce qu'elle ne la reconnaissait pas comme telle ! Cette force serait certainement restée virtuelle si Sophie ne l'avait pas explicitement identifiée et nommée.

Il est pourtant indispensable de nuancer considérablement ce que je viens de vous dire. Sophie nous parle du décès de sa mère et du regain de vie qui a fait suite à sa disparition. Mais qu'en est-il quand on perd un enfant ? Ou quand la personne qu'on aime se suicide ? Ou quand elle est tuée dans un accident absurde ? C'est une tout autre histoire car on parle là de traumatismes psychologiques dont l'intensité dépasse ce que Sophie a pu vivre. Dans de telles circonstances, il ne peut pas être question d'un sentiment de « libération » et d'« ouverture à la vie » – , du moins pas dans les premières années qui suivent la perte de l'être aimé.

Le chemin de ces deuils traumatiques est long et douloureux et il semble que, pendant très longtemps, la vie n'ait plus du tout de sens. Et pourtant... Il ne faut jamais oublier que le processus de deuil est un processus de cicatrisation de la blessure intérieure. Quand, par exemple, on perd un enfant ou quand quelqu'un qu'on aime se suicide, le processus de deuil porte la promesse d'un apaisement, même si, encore une fois, dans les premiers temps, il paraît inconcevable de continuer à vivre tellement on a mal. Si vous avez vu, sur France 5, le pilote de l'émission « Au-delà » que Sophie et moi avons préparée en novembre 2007, vous aurez pu entendre les témoignages de parents ayant perdu un enfant à la suite d'une maladie, d'un accident, d'un suicide. Si impossible que cela puisse paraître, ces parents sont en train de se reconstruire. Certes, ils seront transformés à tout jamais par ce drame, mais ils affirment eux-mêmes que la paix commence, petit à petit, à reprendre possession de leur cœur. Ce que je vous dis ne se limite donc pas à des paroles de « psy », ces paroles se font l'écho de tous ces parents en deuil avec lesquels je travaille depuis des années : sans jamais oublier, sans jamais tourner la page, ils affirment – parce qu'ils le vivent dans leur chair – qu'on peut reprendre le cours de sa vie, être heureux en dépit de tout et honorer, jour après jour, la mémoire de l'enfant qu'on a perdu.

Il était important de faire cette parenthèse... Pour revenir à Sophie, son chemin vous montre que le « travail de deuil » – c'est-à-dire le retour sur le passé avec la personne qu'on a perdue – est aussi une relecture de la relation qu'on a entretenue avec l'être défunt. Là encore, c'est tout sauf l'oublier ! Revisiter la relation avec cette personne va permettre de construire un autre rapport avec elle, maintenant qu'elle ne vit plus avec soi, au quotidien, dans le monde extérieur. Le processus de deuil peut alors se comprendre comme la lente transition entre une relation objective, extérieure, et une relation subjective, intérieure et « vivante » avec la personne disparue. C'est dans ce lieu intérieur que cette personne continue de nous nourrir, par-delà son absence physique.

Car oui, il y a des « gains » à la perte d'un être cher : des gains dont on se débarrasserait dans l'instant si cela signifiait le retour de la personne aimée, mais, comme sa perte est irrémédiable, nous n'avons pas d'autre choix que d'accepter d'accueillir en nous ce qu'on pourrait appeler son « héritage spirituel ». Bien sûr, cette notion de « gain » est violente quand on vient de perdre l'être qu'on aime, car on se refuse à tirer quoi que ce soit de cette disparition, mais, avec la distance et l'apaisement qu'apportent les années, on peut affirmer qu'il est possible d'en recevoir quelque chose de bénéfique. Dans le cas de Sophie, c'est un gain de confiance, un gain de sécurité qui se nourrit de la conviction que sa mère continue à vivre en elle et qu'elle la guide dans les moments importants de son existence. L'héritage spirituel de sa mère, elle le retrouve dans sa manière d'élever ses enfants, dans les valeurs qu'elle tente d'incarner et qui découlent directement de ce que sa mère a voulu lui transmettre. Il y a aussi le « gain » humain qui est né de l'expérience de sa fin de vie et qui s'est manifesté dans l'attitude qu'elle a eue dans l'accompagnement de sa tante, des années plus tard. Elle a appris grâce à sa mère, même si cela s'est fait à son insu, et elle a pu retransmettre ce qu'elle avait compris. C'est aussi cela, le fruit du « travail de deuil ».

Comprenez alors qu'il ne faut pas rejeter ce processus intérieur quand la vie vous met sur ce chemin. Le deuil est rude, violent, brutal, absurde. Mais il est nécessaire comme est nécessaire un processus de cicatrisation d'une plaie qui, laissée sans soin, serait dangereuse pour notre survie. Plus encore, il peut être facteur de croissance et d'accomplissement. C'est ma conviction depuis deux décennies vécues au contact des personnes en deuil. « Le travail de deuil, c'est transformer la matière première de son histoire de vie pour tenter de donner du sens à la perte de ceux qu'on aime », a remarqué un jour Sophie. Je crois qu'elle a raison. Son chemin en est l'illustration. Si vous regardez de près, vous y verrez peut-être aussi votre propre histoire.

Voici donc une tranche de vie, le récit, semblable à tant d'autres, de ce que j'ai vécu auprès de ma mère : notre relation, le vécu de sa maladie, sa fin de vie, sa mort, le deuil au sein de notre famille et la façon dont, seule, j'ai traversé cette épreuve...

Je suis allée au bout de cette histoire ; je suis allée au bout de mes questions, au bout de ce chemin de deuil, vingt-cinq ans après... Aujourd'hui, j'ai quarante-cinq ans. Maman est morte à quarante-quatre et je prends conscience que le temps que je vis désormais est un temps qu'elle n'a pas vécu et qu'elle ne vivra jamais. Un temps que je me dois, que je lui dois, d'occuper le mieux possible.

Dois-je « tirer un trait », « tourner la page » et « aller de l'avant » ? Oui et non... Ces expressions me semblent tellement dérisoires, absurdes et vides de sens. Ce serait une grave erreur de concevoir ainsi les choses, car cela me montrerait que je n'ai rien compris ! Comment en effet vivre ma vie si je n'apprends rien de mon histoire, aussi triste et douloureuse qu'elle ait pu être parfois ? Comment lui donner du sens si je ne la fonde pas sur les enseignements dont je suis l'héritière ?

Par sa mort, ma mère m'a fait un étrange cadeau : celui de me confronter à moi-même, de me contraindre à grandir. Je ne le savais pas à l'époque, mais elle a instillé en moi un bien précieux : grâce à elle, j'ai probablement appris à avoir moins peur de la mort. C'est pour cette raison que j'ai pu écrire ce livre. Il m'a en effet aidée à aller encore plus loin. Oui, oser me confronter à ce sujet m'a sûrement permis d'évacuer un peu plus l'angoisse de la mort et à l'apprivoiser encore davantage.

Je ne prétends pas avoir tout compris, loin de là, ce serait d'un orgueil démesuré ! Mais j'ai appris des choses et, en conclusion de ce chemin que nous venons de parcourir ensemble, j'aimerais partager avec vous quelques réflexions qui nous font quitter le seul domaine du deuil pour embrasser une vision plus large de ce qu'induit la rencontre avec la mort et la perte...

Car parler de tous ces sujets peut paraître effrayant, n'est-ce pas ? La mort fait peur... Moi aussi, malgré tout, j'ai toujours peur de la mort. J'ai peur de laisser derrière moi ceux que j'aime, mes enfants, mon mari, mes amis... car je tremble à l'idée de la souffrance qui pourrait être la leur quand je partirai à mon tour.

J'ai peur de la mort si elle engendre les mêmes souffrances physiques que celles que ma mère a endurées. Je voudrais, les derniers jours de mon existence, pouvoir être présente à ceux que j'aime et leur témoigner mon amour, sans que mon corps, otage de trop de douleurs, ne m'en empêche. Grâce à la découverte des soins palliatifs, cette peur s'est un peu apaisée. Je sais désormais qu'il existe des lieux de soins pour la fin de vie où la douleur physique et les autres symptômes dégradants seront pris en compte et contrôlés du mieux possible. Je sais qu'il y a des personnes dont la vocation est d'assurer l'ultime transition avec tendresse et compétence. Je souhaite qu'il puisse un jour en être ainsi pour moi et pour ceux que j'aime... Je souhaite enfin que ces soins puissent se développer pour être proposés au plus grand nombre d'entre nous.

J'ai parfois aussi peur de cet « Après » dont on ne sait rien, de cet Inconnu qui peut se révéler aussi heureux qu'« infernal » ! Difficile d'enrayer cette angoisse : je ne peux que tenter de m'apaiser en me tournant vers des spiritualités qui me proposent une interprétation de ce que peut être l'Autre Côté... Encore faut-il y croire !

En revanche, ce retour sur mon passé et ce questionnement autour de mes choix de vie m'amènent à un constat clair : je redoutais plus que tout le décès de ma mère. Or, paradoxalement, j'ai fini par prendre conscience que sa disparition m'a probablement encore plus ouverte à la vie. Je retrouve d'ailleurs souvent cette prise de conscience dans les biographies que j'ai l'occasion de lire. Nombre de personnalités ne se sont vraiment révélées qu'après la disparition des très proches...

***

Et, au fil de cette réflexion, une idée s'immisce en moi... Oh, je n'ai pas la prétention de croire qu'elle est révolutionnaire car des millions de personnes y ont bien évidemment pensé avant moi ! Mais elle s'impose aujourd'hui avec une force que je ne peux nier : est-ce que cette peur de la mort parlerait d'autre chose ? Quelque chose qui nous toucherait au cœur même de notre vie ? Quelque chose qui finalement serait un obstacle pour la vivre pleinement, cette vie... Est-ce que la peur de la mort ne cacherait pas, aussi, une peur de la vie ?

Christophe me raconte son expérience auprès des personnes au seuil du grand départ. Que disent-elles ? Elles parlent de leur existence et tentent, coûte que coûte, de s'assurer qu'elle a été « bonne ». Il n'y a pas, bien sûr, de règle établie sur ce qu'est une « bonne » ou une « mauvaise » vie. C'est à chacun de savoir et de définir ce qu'une « bonne » vie veut dire pour lui-même. Mais l'important pour ces personnes, me dit Christophe, c'est d'être assurées que cette vie qu'ils s'apprêtent à quitter n'a pas été vécue pour rien... Oui, n'avons-nous pas peur de prendre soudain conscience que notre vie n'a pas de sens, qu'elle a été vide et qu'elle ne mène à rien ?

Est-ce que ce ne serait pas cela, cette autre peur, tapie derrière la peur de la mort, cet arbre qui cache la forêt : la crainte, plus subtile et plus profonde, de vraiment voir ce que nous avons fait de cette existence qui s'achève par la mort ? La mort serait-elle alors un miroir de la vie, comme si elle était une sorte de « rétroviseur » qui nous éclairerait sur notre vécu ? J'imagine que la plus grande appréhension qu'on puisse avoir, à ce moment-là, est de se rendre compte qu'on n'a rien fait de « bien », ou de constructif, ou de significatif, à ses propres yeux... Alors : peur de la mort, peur de la vie ?

N'a-t-on pas peur de la mort parce qu'on se sent déjà mort en vivant la vie que l'on mène ? Ma mère avait peut-être fait un constat très lucide sur les frustrations de sa vie, d'où cette idée récurrente :

« Je mourrai jeune. » Peut-être était-elle consciente qu'elle était déjà morte car elle ne vivait pas la vie qu'elle aurait souhaitée. Si elle avait remis cette vie en question, peut-être ne serait-elle jamais tombée malade. Peut-être que les défenses de son corps, contre ce vécu psychique mortifère, auraient empêché sa mort physique. Pures hypothèses... qui, en revanche, ne manquent pas d'intérêt. Ne serait-ce que pour m'amener à prendre de fermes résolutions : m'occuper de ma vie, la vivre pleinement, à la hauteur de mes espérances les plus folles !

Si je ne regarde pas la réalité de ma mort et que je fuis, avec effroi, l'idée de devoir me rendre des comptes à moi-même à la fin de mon parcours, je me prive de l'opportunité de réfléchir *aujourd'hui* sur ce que je fais de ma vie. Et c'est précisément là que le fait de pouvoir regarder la mort en face peut s'avérer extrêmement bénéfique et positif. En effet, loin d'être alourdi par de telles considérations, on peut en tirer une force considérable.

Car je ne suis pas en fin de vie aujourd'hui – par bonheur, non ! Je ne suis pas encore à ce moment crucial de relecture de mon existence, percluse de métastases, au fond d'un lit de soins palliatifs. Je peux donc agir et avoir un impact sur ce que je suis en train de vivre : je peux faire des choix, je peux prendre des décisions. Là, maintenant, tout de suite, je peux jouir de ma liberté et de mon libre arbitre. Je peux décider de ne pas trahir mes espérances, de ne pas renoncer à mes rêves, de ne pas gaspiller mes richesses intérieures... Si je ne prends pas en compte l'extrême fragilité – et brièveté – de ma vie en considérant la réalité de ma mort, je me prive de l'exigence vis-à-vis de moi-même de lui donner du sens, ici et maintenant, à chaque instant.

Ce que je vous écris là parle de moi, de Christophe, de vous, de tout le monde ! Cette réflexion peut être la vôtre et vous mener bien au-delà de ce que vous êtes aujourd'hui. Il n'y a rien d'angoissant dans tout ce que je vous dis ! Il s'agit simplement d'être en prise directe avec l'existence et avec tout ce qu'elle a à vous offrir. Mais il faut sortir du déni de sa propre mort, pour parvenir à jeter ce regard positif et constructif sur la vie. Étrange paradoxe : je dois regarder la réalité de la mort pour jouir d'autant plus de ma vie ! Si je refuse de passer à côté de ma vie, je dois donc aussi cesser de mettre à distance ce que la mort me dit. C'est justement parce que je regarde la mort que je me donne les moyens d'injecter du sens dans ma vie. La mort devient alors un puissant révélateur de ce que je veux vraiment faire, de ce que *vous* pouvez vraiment faire de votre existence. Cela demande beaucoup de lucidité, d'exigence, de rigueur mais cela n'exclut, en aucune façon, la légèreté, la joie, l'optimisme, la fantaisie, la folie et l'insouciance ! Faites-moi confiance...

La vie est rare et précieuse. Honorez-la, comme je m'y efforce, par les choix que vous pouvez faire. Battez-vous pour vos rêves. Soyez à la hauteur de tous vos espoirs. Partagez vos trésors intérieurs, ouvrez votre cœur, n'attendez pas ! Donnez ce que vous pouvez à ceux que vous aimez, aimez du mieux que vous le pouvez, y compris vous-même, et, le moment venu, je suis certaine que vous serez fier – ou fière – de ce que vous aurez vécu.

Il serait dommage de donner raison à Louis Aragon : « Le temps d'apprendre à vivre, il est déjà trop tard ! »

ANNEXES

POUR ALLER PLUS LOIN

– ADRESSES UTILES –

Christophe et moi, nous vous proposons ici des adresses d'organismes et d'associations susceptibles de vous aider concrètement si vous vous retrouvez face à la maladie grave, à la fin de vie ou au deuil. Cette liste n'est, bien sûr, pas exhaustive. N'hésitez pas à contacter ces associations : elles peuvent vous apporter une aide et un soutien inestimables. Ne restez surtout pas seuls.

ASSOCIATIONS D'ACCOMPAGNEMENT DE LA MALADIE GRAVE

– *Cancer :*

• « La Ligue » – Lutte contre le cancer : 103 comités départementaux en France. Écoute, informations, tél. : 0810 111 101

www.ligue-cancer.asso.fr – www.ligue-cancer.net

• ARC – Association de recherche sur le cancer : 9, rue Guy-Moquet, 94800 Villejuif
www.arc.asso.fr

• Tribu Cancer : Association pour l'aide à l'intégration ou la réintégration professionnelle de la personne malade. Plusieurs services : « le Mail de nuit » (de 21 heures à minuit), permanence web tenue par des psy, groupes de parole (réunions un jour par semaine, tél. : 09 50 32 80 80), 112, boulevard de Rochechouart, 75018 Paris,
tél. : 01 46 12 90 18
www.tribucancer.org

• Psychisme et cancer : centre d'accueil et d'écoute pour les malades atteints de cancer et leurs proches. Accueil téléphonique, rencontres, consultations, tél. : 01 43 13 23 30
www.psychisme-et-cancer.org

• Cancer Info Service, tél. : 0810 810 821. Numéro national d'information et d'écoute sur le cancer. Appels anonymes. Tous les jours de 8 à 20 heures, du lundi au samedi

• Allô-cancer, tél. : 01 45 59 59 59 (appels anonymes)

ASSOCIATIONS SPÉCIALISÉES (CANCERS SPÉCIFIQUES)

– *Cancer du sein :*

- « Étincelle » – Issy-les-Moulineaux,
  tél. : 01 55 95 70 33
  www.etincelle.asso.fr

- Europa Donna-Forum France,
  tél. : 01 53 55 24 00
  www.europadonna.fr

- « Essentielles » :
  www.essentielles.net

- Vivre comme avant (association présente dans une cinquantaine de villes en France),
  tél. : 01 53 55 25 26
  www.cancerdusein.org

– *Cancer de la prostate :*

- ANAMACAP, tél. : 03 87 03 05 34,
  www.anamacap.fr
  www.uropage.com : cancer de la prostate et de la vessie

– *Cancer du col de l'utérus :*

- ECCA, tél. : 04 78 76 55 88

- www.e-cancer.fr : le site de l'INCA

- www.sor-cancer.fr
- www.canceronet.com
- www.frm.org : site de la Fondation pour la recherche médicale
- www.esculape.com : cancer de l'ovaire
- www.sanofi-aventis.com : cancers du sein, de la prostate, du poumon et colo-rectal
- www.roche.fr : infos sur le cancer en général

ASSOCIATIONS DE JEUNES MALADES ATTEINTS D'UN CANCER

- Jeunes Solidarité Cancer
- À chacun son Everest (leucémie)
- Association Arc-en-Ciel
- Association Petits Princes

AUTRES PATHOLOGIES

- AFM – Association française contre les myopathies : 1, rue de l'Internationale, BP 59, 91002 Évry cedex, tél. : 01 69 47 28 28
  www.afm-france.org

- Aides – Association de lutte contre le VIH/sida et les hépatites :
  N° national Aides, 0805 160 011. Hépatites Info service, tél. : 0800 845 800
  www.aides.org

• France Alzheimer : union d'associations (Paris et province) contre l'Alzheimer et maladies apparentées. Siège : 21, boulevard Montmartre, 75002 Paris, tél. : 0811 112 112
www.francealzheimer.fr

• France Parkinson : 4, avenue du Colonel-Bonnet, 75016 Paris, tél. : 01 45 20 22 20 (du lundi au vendredi 9 h 30-12 h 30 et 14 heures-16 h 30)
www.franceparkison.fr

• « Vaincre la mucoviscidose » : 181, rue de Tolbiac, 75013 Paris, tél. : 01 40 78 91 91
www.vaincrelamuco.org

• Ligue française contre la sclérose en plaques (site d'information de l'APF – Association des paralysés de France), tél. : 0800 854 976
www.sclerose-en-plaques.apf.asso.fr

• Association pour la recherche sur la sclérose latérale amyotrophique (Paris-Province) : 75, avenue de la République, 75011 Paris, tél. : 0800 600 106 et 01 43 38 99 89
www.ars-asso.com

ASSOCIATIONS DE SOINS PALLIATIFS ET D'ACCOMPAGNEMENT DE LA FIN DE VIE

• SFAP – Société française d'accompagnement et de soins palliatifs : regroupe les associations d'accompagnement de fin de vie et du deuil
www.sfap.org

• Centre national de ressources François-Xavier Bagnoud (information et documentation) : pour tous renseignements, adresses, recherches d'articles, etc. Très grande banque de données, également accompagnement du deuil
www.croix-saint-simon.org/cdrnfxb

• Écoute téléphonique du Centre François-Xavier Bagnoud : « Accompagner la fin de vie : s'informer, en parler », tél. : 0811 020 300 (du lundi au samedi de 8 h 30 à 19 h 30)

• Alliance : accompagnement de la fin de vie et du deuil (plusieurs antennes en France),
tél. : 05 53 07 03 83 (Périgueux) et
05 56 08 24 68 (Bordeaux)

• JALMALV (« Jusqu'à la mort, accompagner la vie ») : Fédération nationale et antennes locales en région. Accompagnement de la fin de vie et soutien des personnes en deuil, 132, rue du Faubourg-

Saint-Denis, 75010 Paris, tél. : 01 40 35 17 42 (à contacter pour connaître les antennes en région)
www.jalmalv.org

• ASP – Association pour le développement des soins palliatifs : fédération nationale avec antennes locales, 37, avenue de Clichy, 75017 Paris,
tél. : 01 53 42 31 31

• Albatros – association de soins palliatifs : 33, rue Pasteur, 69007 Lyon, tél. : 04 78 58 94 35
www.albatros69.org

ASSOCIATIONS D'ACCOMPAGNEMENT DU DEUIL

• Fédération européenne « Vivre son deuil » (France, Belgique, Suisse) : soutien des personnes en deuil, entretiens individuels, groupes de paroles, permanence téléphonique... 7, rue Taylor, 75010 Paris, tél. : 01 42 38 08 08
www.vivresondeuil.asso.fr

• Association nationale Jonathan Pierres Vivantes (pour les parents en deuil d'un enfant), 4-6, place de Valois, 75001 Paris,
tél. : 01 42 96 36 51
www.anjpv.asso.fr

• Fédération des associations des conjoints survivants (FAVEC) : regroupement d'associations départementales de veufs et de veuves, 28, rue Saint-Georges, 75009 Paris, tél. : 01 42 85 18 30 (à contacter pour les antennes locales)

www.favec.asso.fr

AUTRES ADRESSES...

• Fédération SOS Amitié France,
tél. : 0820 066 066 (antenne de Paris, à contacter pour obtenir les antennes locales)
www.sos-amitie.com

• Fédération des Portes Ouvertes : accueil et écoute (à Paris et antennes locales)
www.apmcj.com

• Maison médicale Jeanne-Garnier :
www.jeanne-garnier.org

QUELQUES LIVRES SUR L'ACCOMPAGNEMENT DE LA MALADIE GRAVE ET SUR LE DEUIL

LES LIVRES DE CHRISTOPHE FAURÉ (www.christophefaure.com)

- *Vivre ensemble la maladie d'un proche*, Éditions Albin Michel, 2002
- *Vivre le deuil au jour le jour*, Éditions Albin Michel, 2004
- *Après le suicide d'un proche*, Éditions Albin Michel, 2007
- *Le Couple brisé – De la rupture à la reconstruction de soi*, Éditions Albin Michel, 2001
- *Ensemble mais seuls – Apprivoiser le sentiment de solitude dans le couple*, Éditions Albin Michel, 2009

AU-DELÀ...

LES LIVRES DE MARIE DE HENNEZEL

- *La Mort intime : ceux qui vont mourir nous apprennent à vivre*, Éditions Pocket, 2006
- *Nous ne nous sommes pas dit au revoir*, Éditions Pocket, 2002
- *Le Souci de l'autre*, Éditions Pocket, 2005
- *Mourir les yeux ouverts*, Éditions Pocket, 2007
- *La Sagesse d'une psychologue*, Éditions L'Œil neuf, 2009
- *Fin de vie : le devoir d'accompagnement*, Éditions La Documentation française, 2004
- *Propositions pour une vie digne jusqu'au bout*, Éditions du Seuil, 2004
- *La chaleur du cœur empêche nos corps de rouiller*, Éditions Robert Laffont, 2008

LES LIVRES DU P[R] DAVID KHAYAT

- *Des mots sur les maux du cancer*, Mango Pratique, 2008
- *Les chemins de l'espoir*, Éditions Odile Jacob, 2004

AUTRES OUVRAGES...

- BARRE Cécile, *L'Opération du cancer de la prostate – Expliquez-moi docteur*, Éditions Masson, 2002
- BONNIER Pascal et LAUNETTE Florian, *J'ai un cancer du sein et après...*, Éditions Romain Pages, 2007

- CARRÈRE D'ENCAUSSE Marina et CYMES Michel, *Cancer, toutes vos questions, toutes les réponses*, Éditions Michel Lafon, 2006, et Éditions Marabout, 2008
- FREYER Gilles, *Faire face au cancer*, Éditions Odile Jacob, 2008
- JANSSEN Thierry, *Vivre le cancer du sein autrement*, Éditions Robert Laffont, 2006
- NEHR Thérèse, *Vaincre le cancer du sein*, Éditions Privat, 2008
- SAGLIER Jacques, *La Femme et le cancer du sein*, Éditions Odile Jacob, 2005

LA CHARTE
DE LA PERSONNE HOSPITALISÉE

1 – Toute personne est libre de choisir l'établissement de santé qui la prendra en charge

2 – Les établissements de santé garantissent la qualité de l'accueil, des traitements et des soins

3 – L'information donnée au patient doit être accessible et loyale

4 – Un acte médical ne peut être pratiqué qu'avec le consentement libre et éclairé du patient

5 – Un consentement spécifique est prévu pour certains actes

6 – Une recherche biomédicale ne peut être réalisée sans que la personne ait donné son consentement après avoir été spécifiquement informée sur

les bénéfices attendus, les contraintes et les risques prévisibles

7 – La personne hospitalisée peut, à tout moment, quitter l'établissement

8 – La personne hospitalisée est traitée avec égards

9 – Le respect de la vie privée est garanti à toute personne

10 – La personne hospitalisée (ou ses représentants légaux) bénéficie d'un accès direct aux informations de santé la concernant

11 – La personne hospitalisée exprime ses observations sur les soins et sur l'accueil

MERCI !

À Érik Orsenna pour avoir provoqué en moi le déclic qui m'a permis d'entreprendre ce travail.

À Christophe Fauré pour m'avoir accompagnée dans cette entreprise avec autant de douceur, d'attention et de complicité.

Au Pr David Khayat pour son accueil au sein de son service.

À Marie de Hennezel pour son éclairage sur les soins palliatifs.

Aux équipes soignantes de la maison médicale Jeanne-Garnier.

À Christine Houvenagel pour la retranscription des interviews.

À Valérie et Sophie pour avoir endossé le rôle ingrat de premières lectrices.

À Huguette Maure pour ses conseils, son soutien et ses compliments.

SOPHIE DAVANT

À Pierre et à mes enfants pour leur patience tout au long de cette longue période d'écriture.

À Jean, pour son amitié lumineuse.

À tous ceux qui m'ont soutenue pendant ces années douloureuses de deuil, mes proches, et un remerciement particulier aux familles Thibault, Gipouloux, Auber et Nicolle.

Achevé d'imprimer par N.I.I.A.G.
en mars 2010
pour le compte de France Loisirs, Paris

N° d'éditeur : 58911
Dépôt légal : mars 2010
Imprimé en Italie